LA PHILO, C'EST LA VIE

GABRIELLE POZZO DI BORGO

LA PHILO, C'EST LA VIE

Robert Laffont

Ouvrage proposé par Alexandrine Duhin/
Agence littéraire Alexandrine Duhin

ISBN : 978-2-221-27491-0
Dépôt légal : avril 2024
Éditions Robert Laffont – 92, avenue de France 75013 Paris

Introduction

Nous vivons, donc nous philosophons. Cependant, nous n'en avons pas toujours conscience.

La philosophie se trouve dans le banal comme dans l'extraordinaire de nos vies. Elle est dans l'émerveillement de l'enfance, l'intensité de l'adolescence, les réflexions de l'âge adulte. Elle est à l'origine de nombre de nos convictions, de nos engagements, et de nos discussions tardives avec nos ami·es, pendant lesquelles nous refaisons le monde. Elle est également le ciment de nos films, séries, livres et histoires en tout genre préférés.

Pourtant, la plupart d'entre nous n'ont conscience de sa présence que durant un ou deux ans, à l'occasion de l'épreuve du baccalauréat. Une fois l'examen passé, la philo redevient invisible. Elle continue d'irriguer notre vie, mais son courant reste souterrain.

Dans ce livre, je fais ressurgir la philosophie qui a rythmé ma vie. Mes études en la matière m'ont appris où chercher pour la trouver, frémissante, sous la surface du quotidien. J'aimerais partager ces moments afin que vous puissiez jeter sans hésitation votre philoball la prochaine fois qu'une philosophie sauvage apparaît devant vous, et ainsi faire grandir votre philodex. Cela vaut autant pour la vie normale que pour celle de vos personnages de fiction favoris.

Avant toute chose, prenons un moment pour définir la philosophie. Ce n'est pas si difficile. La philo, c'est l'étude de la réalité, de l'existence et de l'expérience humaine. Contrairement aux autres humanités comme l'histoire ou la sociologie, elle ne se préoccupe pas de la collecte de faits. À la place, elle se concentre sur le questionnement poussé de notre expérience en tant qu'êtres humains. Par exemple, devrions-nous nous inquiéter de la mort ? Comment traiter les espèces autres que la nôtre ? Sommes-nous la même personne que nous étions il y a cinq ans ?

La philosophie, comme les maths, se découpe en plusieurs branches. La géométrie, l'algèbre et les probabilités sont des exercices très différents, pourtant tous appartiennent à la discipline des mathématiques. Il en va de même pour la philosophie. Ses branches sont nombreuses car elles reflètent la diversité de nos réflexions. Parmi elles, on trouve la philosophie morale, qui interroge notre conception du bien et du mal ; l'existentialisme, qui se demande comment user de notre liberté ; ou encore la métaphysique, qui se questionne sur ce qui existe, ou pas (par exemple, l'identité personnelle).

À travers cette enquête au cœur du monde, la philosophie nous apprend à penser. Elle structure notre esprit critique, nous pousse à remettre en question ce que nous pensions acquis, et à écouter et comprendre les autres. On ne philosophe jamais seul·e. La philo est une démarche collective et coopérative, durant laquelle il importe plus de se rapprocher de la vérité (l'étymologie de « philosophe » signifie « qui aime la sagesse ») que d'avoir raison.

Je rencontre la philosophie le jour de ma rentrée en terminale littéraire. Ce n'est pas une exagération de dire qu'elle bouleverse le cours de ma vie. Après tout, je n'avais auparavant aucun moyen de savoir que j'allais lui consacrer ma carrière, puisque je n'en avais jamais fait. Au fil de cette année d'initiation, je découvre les stoïciens, qui m'aident à surmonter le deuil de la mort de mes grands-parents. J'apprends à réfléchir de manière posée, progressive, et argumentée. Je prends conscience de l'importance des définitions, des distinctions, et des nuances. Je passe également l'épreuve du concours général, à laquelle j'obtiens le troisième prix. Après six heures de dissertation sur « Mal faire » (en y prenant du plaisir) et une année de cours, c'est comme si la philosophie me rendait quelque chose. Lors de la cérémonie de remise de prix, j'ai le sentiment que cette discipline et moi scellons notre entente.

Je m'envole vers l'Irlande et l'Écosse pour mes études. Pendant ces années-là, la philosophie aiguise mon esprit, forge mes convictions, et façonne l'adulte que je deviens. Je prends aussi conscience de son omniprésence au sein de mes films, séries, livres, ou mangas favoris. Les dilemmes des personnages prennent une autre teneur, les histoires qui m'ont marquée s'approfondissent, les raisons pour lesquelles ces dernières me procurent tant d'émotions deviennent limpides. Le manga *Naruto* est la première fiction à m'apparaître sous son jour philosophique. Lors de ma deuxième année de fac, j'écris sur une feuille volante les thèmes philosophiques que j'y trouve… au milieu de la nuit, si on en croit l'heure inscrite en haut du document que j'ai conservé précieusement jusqu'à aujourd'hui.

À la fin de mon master, je crée ma page d'initiation à la philosophie sur les réseaux sociaux, @philosophavie. Mon pseudo raconte mon envie de montrer qu'on peut être *philosophe à vie*, c'est-à-dire à tous les âges, bien avant et bien après l'épreuve du bac. Je m'attache, comme je le fais dans ce livre, à montrer l'alliance puissante de la philosophie et de la fiction. Les histoires nous aident à penser ; de nos pensées naissent les histoires. Pour philosopher, rien de mieux que des camarades fictifs qui nous émeuvent, tout en nous confrontant à des situations que nous pouvons analyser de manière objective car elles ne nous concernent pas. Pour rêver, rien de mieux que la philosophie, qui nous entraîne aux confins de l'existence humaine, avec gravité parfois, mais aussi avec humour.

À travers ce livre, j'espère vous donner un aperçu de ce dont la philosophie est capable, et faire apparaître des histoires que vous connaissez sous un nouveau jour. La philosophie est une compagne de vie discrète et fidèle, un couteau suisse dont on peut oublier l'existence, puis ressortir au moment opportun. Pour illustrer la manière dont elle parsème nos vies, je vous raconte la mienne. Pas parce qu'elle est particulièrement intéressante ; au contraire. Parce que dans sa banalité, il y a de l'universel – il y a de la philosophie.

1

Les autres, drôles de choses *Élémentaire* et Gaara

Mon premier vertige métaphysique remonte à la maternelle. Je joue avec mes amies dans la cour de récréation quand, en regardant l'une d'elles, j'ai la tête qui me tourne. J'ai l'impression de quitter mon propre corps au vu du sien qui s'agite devant moi, tandis que je reste plantée là, prise d'assaut par des réflexions inédites.

Pourquoi est-ce que moi je suis *moi* et pas *elle* ?

Pourquoi est-ce qu'elle est *elle* et pas *moi* ?

Pourquoi est-ce que je ressens des choses à moi, telles que mes douleurs, mes sentiments, mes émotions, ou le goût qu'a pour moi la glace à la vanille, mais que je ne ressens aucune chose à elle ? Et vice versa ?

Ces questions me retournent l'esprit. En me plongeant dans leur étrangeté, le vertige revient toujours, accompagné d'une sensation de dissociation – comme si mon esprit voulait se faire la malle devant cette sorcellerie. J'ai cinq ans, et je me rends compte de l'existence des autres pour la première fois.

En prenant conscience que mon existence est contingente, c'est-à-dire qu'elle aurait pu être autrement, je comprends que j'aurais pu être quelqu'un d'autre (j'aurais pu naître dans un autre corps, ou même ne jamais naître). Si je peux remplacer les autres, alors ces derniers doivent nécessairement exister, au moins comme entités par rapport auxquelles je me situe. Qui plus est, si j'avais pu être quelqu'un d'autre, quelqu'un d'autre aurait pu être moi. Je ne m'appartiens pas aussi entièrement que je le pensais.

Waouh. Ça fait beaucoup pour une journée de grande section.

Les autres ont cela de particulier qu'ils vivent près de nous, parlent avec nous, mangent avec nous, rient avec nous, couchent avec nous, mais restent irrémédiablement opaques. Le trouble que j'ai ressenti à cinq ans me saisit encore parfois, lorsque je pense un peu trop fort au fait qu'on ne ressent jamais d'autres sensations que les nôtres. Si je demande à mon amie de me raconter *précisément* ce qu'elle ressent en mangeant de la glace à la vanille, je me dis qu'avec tout ce qu'elle décrit (c'est froid, c'est doux, c'est sucré, ça me rappelle la maternelle…), on ne peut pas ressentir des choses différentes. Ce que je ressens, elle le ressent forcément. Et pourtant, non seulement je ne pourrai jamais en être certaine (une méga-machine de partage d'esprit n'a pas encore été inventée), mais mille preuves me montrent que les autres ne ressentent pas ce que je ressens. Il y a autant de goûts et de tempéraments qu'il y a d'êtres humains

– il n'y en a donc pas un seul qui partage toutes mes sensations. Je ne saurai jamais *ce que cela fait* de ne pas aimer la glace à la vanille. De la même manière, je ne saurai jamais *ce que cela faisait* d'être mon amie en maternelle, qui m'a vue d'un coup arrêter de bouger, le regard dans le vide et les yeux écarquillés.

Nous ne pouvons observer et comprendre les autres qu'à distance. Pour certaines personnes, on ne s'en plaint pas. Pour d'autres, ça nous désespère.

Quand j'étais amoureuse, je voulais qu'il me serre fort dans ses bras. Je voulais combler cette distance, vaincre cette séparation, me trouver au plus près de ses sensations. Je voulais ressentir avec lui, comprendre ce que cela faisait d'être lui, dans son esprit, dans son corps. Je voulais nous savoir aussi proches que possible l'un de l'autre, quitte à ce que nous ne fassions plus qu'un.

J'avais 17 ans, et pas encore compris que se fondre dans quelqu'un d'autre est une mauvaise idée. C'est comme si on m'avait véhiculé quelques fausses idées sur l'amour romantique, vous voyez.

Néanmoins, la relation amoureuse détonne parmi les autres types de relations, car elle est celle qui requiert le plus grand degré de proximité. On regarde la personne dont on est amoureux ou amoureuse avec des yeux particuliers – on la tient à un plus haut standard de compréhension de nous-même, et on se tient à un plus haut standard de compréhension de cet autrui, en particulier. Dans une relation sexuelle, notamment, on peut avoir l'impression d'être au plus près des sensations de l'autre, surtout lorsqu'on écoute, qu'on réagit en fonction de son ou sa partenaire, et que nos gestes provoquent chez l'autre une sensation qui, on le sait, plaît. Son plaisir est notre plaisir, le nôtre est le sien. Pas vrai ?

Pas vrai. Le fossé avec autrui se creuse d'autant plus dans la romance, car on souhaite à tout prix le recouvrir. Nous débordons d'enthousiasme en rencontrant une personne en accord avec notre esprit car nous pensons que c'est un petit miracle. Moi qui suis chaque seconde recluse dans mon esprit, se pourrait-il que là-bas, par-delà la barrière de ma conscience, se trouvent d'autres forteresses qui ressemblent à la mienne ? Se pourrait-il que ce que j'expérimente dans mon esprit, quelqu'un d'autre l'expérimente aussi ? Se pourrait-il que je n'aie pas à expliquer, justifier, commenter qui je suis et ce que je ressens, car une autre personne possède la même vie intérieure que moi ? Nous pensons que cette connexion amoureuse nous prouvera que nous ne sommes pas seul·es dans notre vie intérieure, ce qui explique notre enthousiasme. Je pense que c'est un leurre.

L'amoureux ou l'amoureuse a beau être un·e autre particulier.ère, il ou elle reste un·e autre, à jamais lointain·e. Notre conscience est ainsi faite qu'elle ne se partage pas.

Comment, dès lors, tisser l'ombre d'un lien important avec autrui ? Si nous sommes fondamentalement seul·es, si nos consciences sont à jamais fermées, comment établir une connexion, aussi ténue soit-elle, avec celles qui ne m'appartiennent pas ?

Le film des studios Pixar *Élémentaire*, réalisé par Peter Sohn, m'a suggéré une réponse. Il m'a aussi fait voir que le problème pouvait être posé différemment.

Element City est une ville très spéciale, au sein de laquelle naît une romance qui, à première vue, n'a rien à faire là (#BookTok vous dira que ce sont les meilleures). Elle est peuplée par des créatures venues des quatre éléments – les aquatiques, les aériens, les terriens, et les flamboyants – et chacune de ces communautés y vit en harmonie (jusqu'à ce que la Nation du feu attaque, et que l'Avatar disparaisse… Euh non, pardon, ça, c'est une autre histoire). Enfin, presque. Flam est une flamboyante qui doit se faire toute petite afin de ne pas causer de dégâts dans la cité, bâtie pour et par les aquatiques. Elle se lie d'amitié avec Flack, un riche aquatique venant d'une famille bien implantée, ce qui contraste avec l'histoire d'immigration de la famille de Flam.

La flamboyante et l'aquatique tombent amoureux alors que tout les oppose. Flam est une colérique, Flack, un pleureur ; Flam a sa vie toute tracée devant elle, Flack est du genre « *go with the flow* », un peu suiveur dans l'âme. Mais leur plus grande différence s'illustre non pas dans leur personnalité ou leur histoire, mais dans leur corps. Le feu et l'eau, ennemis de tout temps, opposés naturels, qui tomberaient amoureux ?

Car c'est bien la romance qui rend cette histoire intéressante. Si Peter Sohn avait voulu raconter une histoire d'amitié, la corporalité radicalement différente de ses personnages n'aurait pas posé problème. En bon conteur, il a choisi le type de relation qui force les personnages à confronter leurs différences – dans ce cas précis, il a choisi le type de relation dans lequel le corps ne peut pas être oublié.

Tout au long du film, Flam et Flack ne se touchent pas. Les dangers sont clairs : Flack risquerait d'éteindre Flam, et Flam pourrait évaporer Flack, surtout s'il se trouve trop près d'elle lorsqu'elle s'emporte. Leurs corps les séparent. Ils délimitent une zone à laquelle l'autre ne peut pas avoir accès. Flack ne saura jamais *ce que cela fait* d'être une flamboyante, de crépiter d'excitation, de sentir sa flamme diminuer lorsqu'il est triste. De même, Flam ne saura jamais *ce que cela fait* d'être un aquatique, de se couler dans n'importe quel espace, ou de s'éparpiller en centaines de petites gouttes.

Il y a bien quelque chose que *cela fait* d'être constitué de feu, d'air, d'eau ou de terre. Ces sensations, en philosophie, on les appelle les « qualia ». Les qualia sont des éléments essentiels dans la compréhension de ce qui reste l'un des plus grands mystères de la science et de la philosophie, à savoir la conscience.

Si on devait définir la conscience de la manière la plus simple possible, on pourrait dire que c'est le fait d'être éveillé·e, même un tout petit peu, à ce qui existe à l'extérieur comme à l'intérieur de nous. La conscience englobe donc toutes les expériences qui nous viennent à travers nos sens (voir le rouge d'une rose, humer l'odeur des croissants chauds, sentir la rugosité du papier de verre, entendre les bruits de bouche du voisin qui mastique, goûter la texture bizarre de la gelée, etc.) *et* toute notre vie intérieure, à savoir nos émotions, nos désirs, nos douleurs, nos intentions, et le fait même que nous soyons capables d'introspection.

« Qualia » vient du latin *qualis*, un mot qu'on utilisait pour parler de notre expérience par rapport à une chose en particulier. Par exemple, qu'est-ce que ça fait de caresser ce chat-là, précisément ? Le philosophe Daniel Dennett ronchonnait sur le fait que c'est ce mot inconnu au bataillon qui doit nous permettre d'exprimer les choses qui nous sont les plus familières, à savoir les sensations que vivre nous procure. Devant ce ronchonnement, je m'incline. Il n'empêche, l'appellation est restée.

La particularité des qualia, c'est qu'ils sont fondamentalement subjectifs, c'est-à-dire qu'ils ne sont accessibles *que* par la conscience qui les expérimente. *Élémentaire* fait ressortir l'incapacité de chaque élément à comprendre les qualia des autres. Et pourtant, ces gens-là se lient. Comment ?

La beauté, et l'intelligence, de ce film est de suggérer que le lien avec autrui ne se trouve pas dans la compréhension, ni même dans le partage de nos sensations. *Élémentaire* nous montre que se glisser dans la peau de l'autre n'est pas nécessaire pour se sentir proche de lui ou d'elle. Il existe dans la différence, dans l'altérité, une manière plus forte et plus signifiante d'établir du lien : la réaction.

Après avoir passé les trois quarts du film sans se toucher, Flack et Flam se prennent la main pour danser. Et lors de ce moment de connexion profonde, que chacun·e vit depuis sa propre conscience, à jamais inaccessible à l'autre, les corps réagissent. Flack frémit et Flam crépite. Leurs corps se font témoins de ce qui ne se partage pas. La connexion de Flam et Flack, le renforcement de leur amour, se trouve dans la nouvelle chimie qu'ils créent ensemble.

Nos consciences portent un paradoxe : elles nous enferment, et pourtant elles se nourrissent de nos relations. Elles nous appartiennent, et pourtant elles ne font que réagir à ce que le monde nous donne. Si je ne peux partager mes qualia avec personne, je peux m'émerveiller de la réaction de l'autre. Les liens ne naissent pas de la fusion mais de la rencontre. Pas besoin de se couler dans son amoureux pour se sentir proche de lui. La merveille n'est pas dans la compréhension totale mais dans le mystère, dans l'étonnement incessant d'avoir, à quelques centimètres de soi, une tout autre conscience avec ses propres qualia. Deux entités se rencontrent et les chimies de nos cerveaux s'enflamment. C'est élémentaire.

Autrui est fascinant : il nous est inaccessible, pourtant il nous atteint. Nous ressentons son impact sur nous tous les jours, au détour de chaque interaction.

Autrui provoque mes humeurs, mes joies, mes peines, mes remises en question. Autrui nous définit, et pourtant nous ne devrions pas nous définir *seulement* par autrui. Vivre sa vie uniquement en fonction de ce que les autres voient pour nous, c'est la recette du désastre. Nous passons notre vie à essayer de mettre autrui à la bonne distance : devrais-je écouter ses conseils ? Cette personne est-elle plus lucide sur moi que je ne le suis ? L'influence d'autrui m'a-t-elle convaincu·e, ou bien m'a-t-elle contraint·e ? Le résultat de mon action est peut-être le même, mais le chemin est radicalement différent.

Ces questions représentent deux fondamentaux de la philosophie. Premièrement, on ne philosophe jamais seul·e. La philosophie requiert la présence d'autrui, ses objections, ses théories, ses idées. Lorsqu'on veut philosopher, on s'installe à une table (réelle ou métaphorique), autour de laquelle discutent d'autres personnes, qui peuvent être des experts sur le sujet depuis des millénaires, ou des novices, comme nous. Dans tous les cas, on se doit d'écouter, de comprendre, de faire preuve d'indulgence envers les arguments de l'autre. La·le philosophe cherche la vérité, ou du moins ce qui s'en approche le plus, pas à avoir raison.

Débattre et discuter ne sont pas les mêmes activités. Dans le débat, il y a une notion d'affrontement, de positions campées, et de stratagèmes à utiliser pour gagner. Il n'est pas rare de voir un débat s'éloigner de son sujet de fond pour se concentrer sur la forme des arguments de son adversaire afin de mieux le·la discréditer. La discussion, en revanche, est une coopération. Les deux partis peuvent être attachés à leur idée de départ, et feront ce qu'ils peuvent pour prouver qu'elle tient la route, mais ils ont l'humilité de la modifier, voire de l'abandonner, si les arguments qu'on leur oppose sont suffisamment convaincants. Il n'y a rien de coercitif dans la discussion, ni de dynamiques de domination. Seule compte la recherche juste et honnête. La discussion est donc un processus long, pendant lequel on laisse de la place à son interlocuteur ou interlocutrice pour remettre ses idées en place. Un·e philosophe discute, il·elle ne débat pas.

Cela rejoint la deuxième dimension fondamentale de la philosophie : ne pas accepter automatiquement les idées, les arguments, ou les opinions des autres. Emphase sur « automatiquement ». Laisser les autres influencer nos croyances peut être sain et bénéfique, à condition de faire passer cette influence par la moulinette de notre esprit critique. Ce que cette personne m'a dit me paraît juste, mais comment puis-je le vérifier ? Avant d'adopter ce point de vue, suis-je certain·e de sa légitimité, de ses sources ? Pourquoi veux-je adopter ce point de vue ? Comment me correspond-il ? La discipline requise pour répondre à ces questions est souvent trop exigeante pour notre vie quotidienne, mais elle est essentielle pour tout changement d'idée majeur.

Autrui est là mais il n'est pas une autorité. Cela dit, même en sachant cela, nous nous débattons tous les jours avec le pouvoir que les autres exercent sur nous.

Gaara, le personnage du manga *Naruto* qui me fascinait quand j'étais petite, en est un exemple parlant. Entre le début et la fin de la saga, il opère un demi-tour complet en ce qui concerne sa relation avec autrui. Né dans le village de Suna, Gaara est le réceptacle d'un démon (un *jinchūriki*, en japonais), tout comme Naruto. Cependant, leurs expériences en tant que réceptacle sont radicalement différentes. Tout le village hait et craint Gaara, qui le considère comme un monstre, une menace dangereuse. Il n'a pas d'allié au sein de sa famille. Sa mère, Karura, est morte à sa naissance. Ses grands frère et sœur, Temari et Kankurô, le craignent autant qu'ils craignent leur père. Celui-ci tente plusieurs fois de faire assassiner Gaara, qui ne parvient pas à maîtriser son démon. Un nuage de sable le suit constamment, agissant comme un bouclier, mais aussi comme une arme redoutable. Durant son enfance, la seule personne auprès de qui Gaara trouve du réconfort est son oncle Yashamaru.

Gaara a une nature douce, timide et serviable. Enfant, il tente régulièrement de s'intégrer aux groupes de jeunes de son âge en usant de son sable pour leur rendre des services. Seulement, ses aptitudes et les rumeurs circulant à son sujet effraient ses camarades, qui s'enfuient à sa vue. Surpris, heurté, Gaara tente de les retenir, mais son sable les blesse. Gaara est désespéré. Il vient trouver Yashamaru avec une question qui rejoint ce dont nous avons parlé au long de ce chapitre : qu'est-ce que la douleur ? Est-ce que Yashamaru peut le lui expliquer ? Le sable de Gaara est un protecteur infaillible qui l'empêche de se blesser physiquement. La douleur qu'il inflige aux autres, il ne la connaît pas.

Faites l'exercice et voyez comme il est difficile de décrire nos qualia. Comment décrire la douleur à quelqu'un qui ne l'a jamais ressentie ? Yashamaru tente de répondre en expliquant à son neveu qu'il y a deux types de douleurs : les douleurs physiques et les douleurs émotionnelles. Si la plupart des douleurs physiques peuvent être soignées efficacement, les douleurs émotionnelles n'ont pas toutes des onguents. Certaines font mal toute la vie. En écoutant ces mots, Gaara comprend que la douleur ne lui est finalement pas étrangère. Il l'éprouve, là, dans son cœur. Son oncle s'agenouille devant lui et lui confie qu'il existe bien un remède pour ce genre de maux : l'amour. Et lui, Gaara, est aimé, par son oncle, mais aussi par sa mère, qui lui a transmis son amour à travers ce sable protecteur. Rasséréné, Gaara va porter un onguent à un enfant du village qu'il avait blessé par mégarde. Celui-ci lui claque la porte au nez : « Va-t'en, monstre ! »

Malheureux, Gaara traverse le village pour s'isoler. Il bouscule un homme qui pose un regard sur lui que Gaara déteste. Ce même regard que tout le monde lui réserve, empreint de terreur et de haine. Le regard qui dit : « Tu es un monstre. » Son sable agit tout seul et tue le passant.

Sur les toits du village, Gaara se demande ce qu'il est. Est-il vraiment le monstre que tout le monde voit en lui ? Il est alors attaqué par un membre des services secrets. Après avoir mortellement blessé son adversaire, il lui retire son masque. Il s'agit de Yashamaru. Celui-ci lui apprend que son père a commandité l'assassinat et lui assure qu'il lui a menti quelques heures plus tôt. Yashamaru ne l'aime pas. Il lui en veut. En naissant, il a tué sa sœur bien-aimée. Et Karura n'a pas transmis son amour dans son sable, mais son esprit de vengeance. Elle est morte en haïssant le village et voulait que son enfant, dont elle n'avait jamais souhaité la naissance, en soit la malédiction. Elle lui a donné un prénom qui symbolise ce qu'elle souhaitait pour lui : Gaara, le démon qui n'aime que lui.

Gaara n'a jamais été aimé.

Yashamaru annonce à son neveu qu'il doit mourir, puis active les parchemins explosifs qui parsèment son corps.

Le sable de Gaara le protège. À ce moment-là, Gaara cède. Il cède à l'injustice du monde, accepte sa solitude comme inévitable, et décide de se fondre dans le moule que les autres ont coulé pour lui. Il fera honneur à son prénom. Il ne vivra que pour lui, ne combattra que pour lui, et les autres n'existeront que pour qu'il se sente vivant. Il utilise son sable pour encrer sur son front le *kanji* (caractère japonais) qui raconte ce qui lui a manqué : « amour ».

Gaara grandit en devenant un assassin impitoyable. Il incarne une sorte de solipsisme, une théorie philosophique qui soutient que seule l'existence de notre esprit est certaine, et que tout ce qui lui est extérieur n'existe sûrement pas. Gaara ramène tous les autres à lui-même, car il ne les considère que quand il s'agit d'augmenter sa propre existence. Les liens qu'il tisse avec autrui ne reposent que sur la mort et la souffrance. Il confie à Naruto que ce genre de liens reste préférable à l'agonie bien connue de la solitude. Les autres, dans leur présence comme dans leur absence, sont au cœur de l'existence de Gaara. Ils sont son tourment, la racine de son mal-être, l'extinction de son espoir. Le jeune prodige de Suna est l'incarnation de la citation de Jean-Paul Sartre, dans sa pièce de théâtre *Huis clos* : « L'enfer, c'est les autres. »

Cependant, la beauté de ce personnage et de cette citation réside dans leurs nuances. Sartre ne pense pas que nos relations avec autrui sont toujours infernales ; il veut avant tout souligner l'importance capitale d'autrui dans notre rapport à nous-même. Pour mieux comprendre sa citation, revenons à une distinction qu'il trace entre deux modes d'existence.

L'existence « en-soi » désigne ce qu'est une chose en elle-même. C'est le mode d'existence des choses inertes, des objets dont les essences sont figées et qui ne peuvent rien décider pour eux-mêmes. Nous aurons l'occasion d'y revenir plus en profondeur, mais l'être humain n'a pas d'essence prédéfinie. Il est un

« pour-soi », un être qui a conscience de son existence, et qui a la capacité de se définir par lui-même. Nous sommes des êtres libres qui doivent mener leur propre existence.

Le drame de ces deux modes d'existence, c'est qu'ils communiquent. L'existence en-soi est une tentation permanente pour l'être humain, car elle retire la responsabilité de se définir seul·e. Exister en-soi, c'est laisser des facteurs extérieurs me prêter une définition. Et ces facteurs extérieurs, neuf fois sur dix, sont d'autres êtres humains.

Nous sommes tous et toutes des pour-soi qui surgissent dans le monde sans définition précise, et nous travaillons dur pour définir qui nous sommes. Seulement, sous le regard d'autrui, on se chosifie. Autrui pose sur nous un regard qui nous force à nous regarder nous-même. Que pense cette personne de moi ? Comment me voit-elle ? Quelles propriétés me donne-t-elle ? Courageux·se, lâche, parfait·e, égoïste… monstrueux·se ? En se définissant d'une manière aussi rigide sous le regard d'autrui, on se fait en-soi.

Victime du regard haineux qu'autrui pose sur lui, Gaara s'est fait en-soi. Il s'est chosifié sous les horreurs qu'on lui a fait subir et a laissé les autres modeler sa vision de lui-même.

Jusqu'à ce qu'il rencontre Naruto.

Après un combat dévastateur dans lequel Gaara a laissé son démon prendre le contrôle, Naruto use de son *jutsu* (technique de combat) le plus puissant du manga :

le *talk-no-jutsu*. En d'autres termes, Naruto parle à son adversaire et le convainc de changer, tandis que je m'extasie devant la sagesse de ce garçon de 16 ans. Personne n'était mieux placé que Naruto pour ouvrir les yeux à ce réceptacle au *kanji* inoubliable. Naruto sait ce que ressent Gaara, car il a lui aussi fait l'expérience de la solitude. Il sait également que les relations de confiance et d'amitié qu'il a nouées avec autrui sont ce qu'il a de plus précieux. Il fait entrevoir à Gaara la possibilité de considérer autrui non comme une entrave à être un pour-soi, mais comme une aide. Le regard d'autrui peut pétrifier, mais il peut aussi libérer. La présence des autres nous force à nous regarder nous-même. Mais la teneur de ce regard, c'est nous qui la décidons. Gaara change alors son regard sur lui-même et sur les autres, du tout au tout.

De l'assassin égoïste, il devient un protecteur dévoué en prenant la position de Kazekage, le chef de son village. Il retrouve sa nature d'enfant et place au cœur de sa vie les relations familiales en s'entourant de ses frères et sœurs, et son amitié pour Naruto. Tout au long de la saga, il ne cesse de rappeler que ce dernier l'a tiré des ténèbres. Il fait part à Naruto de sa reconnaissance, et de son affection timide mais profonde. L'amitié qui se tisse entre eux deux est l'une des plus touchantes, et des plus philosophiques, du manga. La rencontre entre les deux *jinchūrikis* illustre l'idée de Sartre que les autres peuvent être notre enfer comme notre salut. En changeant notre regard sur les autres, nous changeons notre regard sur nous-même. Grâce au regard de Naruto, Gaara n'a plus à subir ceux des habitants de son village.

À la fois percutants et inaccessibles, infernaux et libérateurs, les autres rythment notre vie et forgent notre identité. S'en séparer est impossible, les connaître aussi. Nous passons notre vie à nous confronter à eux et à elles, à les aimer, à les détester, à les envier, à les célébrer. *Élémentaire* et Gaara tracent des voies de sortie de ces impasses, tout en plaçant les autres au cœur de notre existence. Ces histoires nous proposent de laisser notre « je » vivre dans la réaction, et user du « eux·elles », non pour se voir en tant qu'entités figées, mais pour nous encourager à être les maîtres et les maîtresses de notre propre définition.

2

Penser son corps
Sakura et le sport, panda roux et puberté

Ma mère me regarde avec un air préoccupé. Elle s'agenouille devant moi, me tapote les cuisses, et me dit : « Il faudra que tu fasses attention à ce que tu manges, ma chérie. Tu risques de grossir vite. »

J'ai 10 ans. Message reçu : j'ai des grosses cuisses. Et c'est mal.

Quelques mois plus tard, je commence le basket, un sport que je vais pratiquer pendant toute mon adolescence. Lors de mon premier entraînement, je me donne tellement que je manque de m'évanouir. Les filles en face sont plus rapides, plus habiles, plus légères. Je crains de ne pas être à la hauteur. Mais en revenant dans le gymnase semaine après semaine, je découvre mon corps sous un autre angle. Mes grosses cuisses me sont utiles. J'ai de la puissance dans les jambes. Mon corps plus massif et plus lourd empêche les adversaires d'accéder au panier. Mes coachs me remarquent comme une défenseuse, une fille qui va au combat physique et qui n'abandonne pas. Au fil des entraînements, je construis le mantra qui m'accompagnera jusqu'à la fin de ma puberté : « Je m'en fiche d'avoir des grosses cuisses, du moment que ça me permet de bien défendre. »

Aujourd'hui, je suis ébahie devant tous les pièges de l'expérience corporelle féminine que cette phrase m'a permis d'éviter.

Les diktats de minceur ont parlé à travers ma mère. Je me fais souvent la réflexion que ce moment aurait pu marquer le début d'un complexe physique dont j'aurais mis une vie à me débarrasser. Cependant, le sport, avec sa vision instrumentale du corps, est venu contrecarrer les effets néfastes de cette remarque. J'ai passé mes années collège et lycée à me soucier d'abord de ce que mon corps pouvait faire, c'est-à-dire défendre, courir, sauter et shooter, avant de m'inquiéter de son apparence. Cet état d'esprit a joué un rôle majeur dans mon rapport à mon corps, au moment où les fondations de ce rapport se construisent. En pratiquant un sport collectif féminin, j'ai côtoyé l'écosystème non mixte du vestiaire, avec tout ce qu'il contient de hargne, de camaraderie et d'humour, mais aussi d'anxiété et de haine de soi.

Je ne sais pas par quel miracle je suis passée entre les mailles de ce filet dévastateur, mais je n'ai jamais eu de complexes. Je n'ai jamais aplati mon nez dans l'espoir qu'il soit moins en trompette, jamais creusé mes joues dans celui qu'elles soient moins rondes, jamais regardé mes fesses et souhaité qu'elles soient plus petites. Aujourd'hui, quand je livre cette information, c'est presque une confession. Comme si je n'avais pas le droit d'avoir été si chanceuse. Comme si avoir échappé au calvaire du miroir, que la majorité des jeunes filles doivent endurer chaque jour, était injuste.

À l'époque, j'avais déjà compris que cette affirmation n'était pas normale. Je voyais comment elle pouvait m'empêchait de nouer des liens avec mes amies. Parfois, vers mes 13-14 ans, la conversation de groupe se lançait ainsi : « Et toi, qu'est-ce que tu changerais chez toi ? » Et si je n'avais rien à dire, je me sentais exclue. Je m'étais donc inventé des complexes.

« J'aimerais bien que mes joues soient moins grosses. » Pas du tout, mes joues me vont très bien, merci beaucoup.

« Ah oui, mes yeux, ils ne sont pas de la même taille. » Personne n'a les yeux de la même taille.

Je passais inaperçue, sauf pour mes amies les plus proches qui ne comprenaient pas plus que moi comment je me débrouillais pour observer mon corps et ne penser à rien d'autre que : « Ceci est mon corps. »

J'avais parfois un jugement négatif sur ce que je voyais dans le miroir, mais c'était un jugement global. Au moment où mes seins sont apparus, dans ce sas entre l'enfance et l'adolescence, je regardais mon corps nu et je pensais : « Le corps humain, c'est vraiment moche. »

Pas *mon* corps. Pas *ce* corps-là en pleine transformation. *Tous* les corps. Avec la confiance d'une ado qui apprend à penser de manière universelle, j'étais ferme sur l'idée que la Nature nous avait doté·es d'une enveloppe franchement laide, et qu'on faisait bien de la cacher sous des couches de vêtements.

Mais mon corps n'était pas à blâmer. Il n'était qu'un exemple particulier d'un problème plus large. Mon corps à moi, du moment qu'il me permettait de gagner des matchs, je lui fichais la paix.

En philosophie, le corps est ambigu. C'est un drôle d'objet philosophique : il n'est pas notre pensée, qui est l'objet d'étude premier de la philo, mais il en est indissociable. Il nous permet de vivre les expériences sur lesquelles nous réfléchissons, mais c'est sur lui que l'on colle nombre d'injonctions dont nous devons nous départir : minceur, beauté, jeunesse… Nous exerçons un certain contrôle sur lui, mais il nous échappe lorsqu'il rougit, tombe malade, ou cicatrise une coupure. Le corps, comme le souligne la philosophe Michela Marzano, est à la fois quelque chose qu'on *est* et quelque chose qu'on *a*[1]. On ne se réduit pas à son corps ; le portrait anatomique d'une personne ne dit rien sur elle. Mais on ne peut pas non plus dire que nous « avons » un corps, comme si notre esprit l'habitait sans se soucier de lui. Il est plus qu'un vaisseau à piloter, mais il n'est pas la seule composante de notre identité.

La philosophie peut attaquer ce problème par plusieurs angles. Dans ce chapitre, je me concentre sur

1. Michela Marzano, *La Philosophie du corps*, Paris, Puf, 2022.

l'expérience vécue d'une personne dans son corps. Qu'est-ce que ce dernier nous donne à voir de notre pensée ? Et comment la façon dont nous l'utilisons influence la manière dont nous pensons ? En empruntant cette voie, je me vois limitée par les expériences du mien, qui est loin de représenter les corps en général. Les analyses qui suivent se fondent donc autour de corps blancs, minces, valides, urbains, cisgenres, et féminins. Bien d'autres témoignages sont nécessaires afin de brosser un portrait représentatif des expériences au sein d'un corps humain.

Ce qui est certain, c'est que le corps d'une jeune fille, puis d'une femme, n'est pas neutre philosophiquement. Avant même de commencer cette discipline, je me suis interrogée sur mon corps de jeune fille sportive, biberonnée aux *shônens* (mangas à destination des jeunes garçons) de surcroît. Comment m'épanouir en tant que fille quand je suis nourrie par des imaginaires masculins ? Les batailles dans les mangas que je lis me donnent des frissons, la puissance des personnages me fascine, mais ils ne partagent pas mon genre. Mon sport, le basket, me sort de ma timidité, m'apprend à tolérer l'échec et à trouver ma place dans un groupe, mais les femmes qui le pratiquent sont moins mises en avant que les hommes et, bien sûr, moins bien payées. Je me réjouis de ce que mon corps peut faire, mais le monde autour de moi n'a pas l'air d'y accorder la même importance.

La philosophe américaine Iris Marion Young décrit l'expérience vécue d'un corps féminin dans un article datant de 1977, intitulé « Lancer comme une fille. Une phénoménologie de la motilité, de la spatialité et du comportement corporel féminin[1] ». Le féminisme a eu le temps de faire avancer la manière dont les femmes habitent leurs corps depuis 1977, mais les analyses que Young livre dans cet article restent fondamentales pour donner de la perspective aux nôtres, et identifier les relents de cette manière de pensée dans nos représentations actuelles.

Iris Marion Young écrit en réponse à un livre publié en 1966, dans lequel l'auteur s'attache à montrer qu'il existe des différences fondamentales dans la manière dont les filles et les garçons se meuvent et occupent l'espace. Il s'appuie sur une étude qui s'intéresse à la posture qu'adoptent de jeunes enfants au moment de lancer une balle. Il remarque que les filles n'utilisent pas l'espace autour d'elles. Elles n'utilisent que leur bras, qu'elles plient et qu'elles déplient, ce qui fait que la balle est libérée sans force ni vitesse. Les garçons, quant à eux, utilisent leur torse, l'espace latéral autour d'eux, et sont campés sur leurs appuis. Le lancer qui en résulte est bien plus efficace. Puisque ces différences

1. Iris Marion Young, « Throwing Like a Girl : A Phenomenology of Feminine Body Comportment, Motility, and Spatiality », *Human Studies*, 3/2, 1980, p. 137-156, traduit en français par Donald A. Landes, avec Marie-Anne Casselot et Capucine, *Symposium*, Mercier, 21/2, 2017, p. 19-43.

sont observées à un très jeune âge, l'auteur en déduit qu'elles sont biologiques, et non le résultat d'une éducation à l'espace différente pour les filles et les garçons. Pour lui, les différences de style dans le lancer dénotent une « attitude féminine » par rapport au monde et à l'espace. Les filles n'ont pas une anatomie fondamentalement différente de celles des garçons ; elles lancent d'une manière différente parce qu'elles sont « féminines ».

Oui, on en a fait du chemin.

Cet argument, qu'Iris Marion Young réfute pendant le reste de l'article, est un argument essentialiste. En d'autres mots, il suppose que les caractéristiques de genre sont ancrées dans la nature des hommes et des femmes, et peuvent le plus souvent s'expliquer par des différences biologiques. Young, dans la lignée de Simone de Beauvoir, défend l'idée que la manière dont nous habitons notre corps est moins influencée par une « essence » féminine ou masculine que par les circonstances sociologiques et historiques dans lesquelles notre corps s'inscrit.

L'argument de Young se fonde sur une tradition philosophique née au tournant du XXe siècle : la phénoménologie. Derrière ce nom à rallonge se trouve une révolution dans la manière de faire de la philosophie. Alors que celle-ci s'était jusqu'à présent attachée à réfléchir sur le monde à travers la raison et la logique, la phénoménologie prend le corps comme premier outil pour penser l'expérience humaine. Afin de comprendre fondamentalement le monde, il faut parler à la première personne, et étudier sa propre subjectivité. C'est notre corps, et son orientation vers l'action dans notre environnement, qui donne le premier sens à notre existence.

Sans tomber dans l'essentialisme, Iris Marion Young raconte ce que cela fait que d'habiter un corps féminin dans les années 1970 (là encore, elle précise que son analyse ne vaut pas tout le temps, pour toutes les femmes – celles qui exercent un métier exigeant physiquement ne s'y retrouveront sûrement pas, par exemple). Plus précisément, elle raconte l'expérience d'un corps féminin quand il s'agit de demander à celui-ci d'accomplir une tâche en particulier. Elle se fonde sur l'analyse de Beauvoir, qui avance que l'existence d'une femme dans une société patriarcale est définie par une tension fondamentale : entre sa subjectivité et son objectification. En tant qu'être humain, une femme est un sujet libre qui se sait capable d'autonomie, de créativité, et de transcender ce qu'on attend d'elle. Mais sa condition de femme vivant dans une société dominée par les hommes lui nie l'accès à ces expériences. Ses aspirations aux hauteurs de l'existence humaine sont alourdies par l'œil patriarcal, qui la considère comme un objet et la cloue dans des rôles qu'elle n'a pas choisis. Selon Young, la même tension se retrouve dans la manière dont une femme habite son corps. Chaque être humain tend à l'expansion de son corps. Mais celui des femmes reste rentré, contraint par l'espace qui les entoure, et qu'elles n'osent pas investir.

La plus grande différence observée dans le lancer des enfants était le manque d'amplitude de mouvement des filles. Celles-ci restaient relativement immobiles et ne profitaient pas des possibilités qu'offrait l'espace autour et derrière elles. Cette tendance à rester en place, à ne pas occuper l'espace, à ne pas s'emparer de ce qui les entoure se retrouve dans d'autres activités. Aujourd'hui encore, les femmes ont tendance à garder leur corps contenu dans un espace confiné, à s'asseoir avec les jambes serrées et les bras le long du corps. Les hommes, quant à eux, n'hésitent pas à s'étendre, à occuper l'espace, de telle sorte qu'Internet a fini par le remarquer. Les réseaux sociaux sont le premier endroit où a été dénoncée la pratique du *manspreading*, c'est-à-dire la position avec les jambes écartées qu'adoptent les hommes dans les transports en commun, quitte à déborder sur les sièges adjacents.

Young souligne également que les femmes de son époque ont tendance à sous-estimer les facultés de leur corps. Par conséquent, elles ne font pas pleinement usage de leurs capacités physiques. Elles ne se pensent pas capables de soulever et de porter des charges lourdes, de pousser brusquement, de tirer, serrer, attraper ou tourner avec force. Le fait que les hommes puissent en moyenne soulever plus lourd ou tirer plus fort n'est pas remis en question. Ce qui est observé, c'est que les femmes, à leur échelle, ne font pas confiance à leurs aptitudes physiques. De fait, elles ne font pas confiance à leur corps pour les porter vers leur objectif. Celui-ci est perçu comme un fardeau fragile, plutôt que comme le moyen d'exécuter leur volonté. Young fait part d'une intuition à la fin de l'article : le manque de confiance général des femmes quant à leur puissance intellectuelle et leur aptitude au leadership est lié en partie à ce doute originel quant à leurs capacités physiques. Réconcilier les femmes avec leur corps, c'est les ouvrir à leur puissance de pensée et d'action en général.

Je ressens encore le poids de cet héritage dans ma vie quotidienne. La polyvalence de mes capacités physiques est l'une des choses qui me tiennent le plus à cœur, aux côtés de la connaissance profonde de ce que mon corps est capable, et incapable, de faire. Aussi, peu de choses m'agacent davantage qu'une personne sous-estimant mes capacités physiques. Qu'il s'agisse de porter une table ou un tapis, j'essuie les regards circonspects avec impatience, et je mets un point d'honneur à exécuter la tâche proprement et rapidement. Les féministes ne se sont pas battues pour valoriser le corps féminin dans l'effort physique pour qu'un homme m'aide à porter mes cartons de livres[1].

Le combat des femmes pour investir leurs corps et le sport en général représente un double défi. D'abord, il faut repenser le rapport à notre corps. Ensuite, il faut

1. *Nota bene* : si vous voulez qu'un homme vous aide à porter vos cartons de livres, vous êtes tout aussi légitime. Le féminisme cherche la liberté, pas à imposer des modèles. Mon parcours sportif m'a juste amenée à apprécier mes gros bras.

accepter d'exister dans un domaine majoritairement masculin. Puisque le sport et la maîtrise de ses capacités physiques ont si longtemps été l'apanage des garçons, se faire une place au sein de ces espaces signifie remettre en question les frontières édictées par les normes de genre. Quitte à voir son propre genre remis en question.

Quelques mois après avoir commencé le crossfit, un sport mêlant haltérophilie, gymnastique et cardio, mon corps commence à se sculpter. Mes biceps grossissent, mes trapèzes se dessinent, mon dos s'élargit. Je ne me suis jamais sentie aussi capable physiquement. Je regarde mon corps changer avec surprise, mais surtout avec joie. À l'époque, je vois encore mon ex-copain. Celui-ci m'interroge sur ma nouvelle pratique. Il me fait remarquer que mon corps est en train de changer. Je lui réponds avec enthousiasme. Le crossfit m'apporte une stabilité émotionnelle et une confiance en ce que je suis capable de faire sans lesquelles mon travail intellectuel ne verrait pas le jour. Les muscles, c'est la cerise sur le gâteau. Il acquiesce. Puis il ajoute : « Tout à l'heure, je regardais ton dos, et j'avais l'impression de coucher avec un homme. »

Encore aujourd'hui, cette remarque me sidère. C'est la grande déception des sportives que de goûter aux joies du corps capable, du corps ostensiblement fort, et de ne pas pouvoir le faire depuis son propre genre. Me ramener au masculin, c'était me retirer la joie de découvrir, à chaque entraînement, une fille soulever des poids, monter à la corde et marcher sur les mains. C'était sous-entendre que le féminin n'est pas compréhensible en termes de force, de puissance, de confiance, et de tout ce que ma pratique sportive m'apportait. Il me renvoyait aux hommes au moment où je découvrais une façon de plus d'exprimer ce qui constitue l'une des parties les plus intimes d'une personnalité : l'identité de genre.

Si le rapport distant et entravé des femmes à leur corps que décrit Iris Marion Young a largement changé, il reste un cliché qu'on retrouve dans de nombreuses histoires qui nous ont forgées (on peut penser au corps maladroit et inhibé de Bella Swan dans la saga *Twilight*, par exemple). Comme j'ai grandi en lisant *Naruto*, le personnage de Sakura Haruno m'a marquée.

Sakura est une jeune fille timide, complexée par la taille de son front. Lorsqu'elle entre à l'académie des ninjas, des filles de sa classe se moquent d'elle pour cette raison. Grâce à l'aide de son amie Ino, Sakura apprend à ne plus fustiger son corps, mais plutôt à le montrer, sans gêne. En grandissant, Sakura devient une *kunoichi* (ou une femme ninja) appliquée, mais incertaine de ses capacités en combat. Lors de la première partie du manga, Sakura est très préoccupée par le fait de ne pas être suffisamment utile à ses coéquipiers, Sasuke et Naruto. Elle admire la confiance qu'ils ont en eux et leur intrépidité durant les missions, et tente de les imiter.

Cependant, elle est encore trop retenue pour y arriver.

On retrouve chez Sakura la tendance décrite par Iris Marion Young à réfréner ses envies, à contenir les réactions de son corps. Pendant la première partie du manga, Sakura dissimule une partie de sa personnalité, qui s'exprime dans ses pensées sous le nom « Sakura en son for intérieur ». Cette partie cachée de la jeune ninja se manifeste lorsqu'elle n'ose pas révéler ses véritables émotions, en particulier ses frustrations et ses colères. Elle est le seul personnage du manga à avoir un tel dédoublement de la personnalité. Sakura ne se montre pas telle qu'elle est. Elle fait un effort pour garder à l'intérieur ce qu'elle juge inapproprié, ou ce qu'elle a peur de voir sortir. De la même manière, Sakura reproduit au début du manga les postures physiques décrites par Iris Marion Young. Elle s'assoit, les jambes serrées, les mains sur les genoux, dans une posture qui délimite le périmètre que son corps occupe. Malgré son entraînement ninja, elle est timide dans son utilisation des armes de jet, comme les *kunai* (couteaux ninja) et les *shurikens* (étoiles à pointes). Quand elle veut protéger Sasuke alors qu'il a été affaibli par une attaque ennemie, la posture qu'elle adopte est caractéristique de sa retenue. Au lieu de se mettre en garde, d'utiliser son corps pour dresser la plus grande barrière possible, Sakura tend les deux bras vers le sol et place son *kunai* serré dans ses poings entre ses jambes. C'est une posture inefficace, qui n'est pas menaçante car elle ne projette rien vers l'extérieur ; Sakura demeure dans son espace et n'ose pas se déployer.

En revanche, elle a une excellente maîtrise de son chakra, c'est-à-dire l'énergie spirituelle qu'utilisent les ninjas afin de lancer leurs techniques. Sans surprise, cette maîtrise reste intérieure. Dans la première partie du manga, Sakura est donc caractérisée comme une force rentrée, contenue, dont la puissance n'est pas prête à sortir au grand jour.

Cependant, tout change lorsqu'elle devient la disciple de la *kunoichi* légendaire, Tsunade.

Sakura use de sa plus grande force, à savoir la maîtrise de son chakra, pour devenir une ninja-médecin reconnue et indispensable lors d'une mission. Cette maîtrise de son chakra lui permet aussi d'acquérir, à l'image de Tsunade, une force physique incommensurable. Après deux ans et demi d'entraînement, Sakura dépasse sa peur symbolique de l'extérieur, et impose sa puissance sur son environnement (en démolissant une falaise d'un simple coup de poing, par exemple). Son travail sur son corps, la confiance qu'elle a acquise en ses capacités physiques, l'a réconciliée avec ses émotions. Elle n'a plus besoin de « Sakura en son for intérieur », d'une représentation de ce qu'elle ressent, car elle est capable de l'exprimer sereinement.

Lors de la première aventure que vivent Sakura et Naruto au retour de leurs deux ans et demi d'entraînement, Masashi Kishimoto, l'auteur du manga, offre à Sakura son plus beau combat, afin de sceller l'acquisition de ses nouvelles capacités. Elle affronte l'un des membres les plus puissants de l'organisation criminelle de l'Akatsuki, aux côtés d'une autre femme : la vieille Chiyo. Lors de ce combat, Sakura montre l'étendue de sa force physique, ses qualités de stratège, et son expertise en matière de *ninjutsu* médical. En lui choisissant *une* partenaire, Kishimoto lui donne l'espace nécessaire pour investir sa nouvelle puissance sans un regard masculin qui pourrait la renvoyer à des représentations sexistes de la force féminine. Lorsque Sakura, ou un autre personnage féminin du manga, s'emporte, les personnages masculins réagissent le plus souvent en se mettant en retrait, apeurés, en attendant que la colère passe – et non en modifiant le comportement qui a provoqué ladite colère. Les femmes sont alors qualifiées de « terrifiantes », et sont souvent comparées à la mère d'untel, qui s'emportait de la même manière lorsque les choses ne filaient pas droit à la maison. Pour l'avènement de la puissance de Sakura, Kishimoto lui épargne ces remarques. Elle fait équipe avec une vieille femme, qui place en elle ses espoirs pour un monde plus juste. L'équipe Chiyo-Sakura est symbolique du passage d'une puissance à une autre, celle de la vieille Chiyo permettant à Sakura de briller pendant la bataille.

Ce combat a toujours été mon préféré de tout le manga. À présent, je comprends mieux pourquoi.

Jusqu'ici, mon analyse s'est concentrée sur les évolutions possibles au sein d'un corps stable. Cependant, au fil de notre vie, notre corps se transforme, et notre rapport à lui avec. La philosophe Camille Froidevaux-Metterie livre une analyse philosophique de la puberté féminine dans son ouvrage *Un corps à soi*. Et peu d'histoires racontent cet épisode décisif de la vie d'un corps féminin avec autant d'humour et de sensibilité que le film des studios Pixar, *Alerte rouge*.

Selon Camille Froidevaux-Metterie, l'entrée dans la puberté pour les filles signifie l'entrée dans la sexualité. Alors que la puberté des garçons se déroule sans l'apparition de signes ostentatoires de sexualité (la mue de la voix ou la pilosité n'y sont pas directement associées), celle des filles est faite des signaux de la capacité maternelle : le développement de la poitrine et l'apparition des règles. Le corps des jeunes filles devient donc disponible sexuellement, qu'elles soient prêtes à l'assumer, ou non. D'autant que, comme le souligne la philosophe, peu de soutien existe pour les accompagner dans l'éveil de leur sexualité. L'apprentissage de la sensualité et du plaisir se concentre sur l'attente de la « première fois », comprise comme la première pénétration du vagin par un pénis, ce qui sous-entend deux choses certaines de dissuader toute exploration personnelle : 1) il faut un garçon, et 2) ça fera mal. En dehors de ce récit presque mythique de la « première fois », les filles restent seules durant leur transformation en corps qui désirent et qui jouissent.

Cette transformation du corps pubère rejoint les paradoxes du corps en tant qu'objet philosophique, évoqués plus haut. Notre corps nous échappe, quitte le glabre de l'enfance, pousse, change, nous épuise, que nous le voulions ou non. Si nous pensions pouvoir compter sur lui auparavant, la puberté redessine notre relation avec lui. Il n'est pas étonnant que l'adolescence soit liée à l'apparition de complexes physiques, tant la chair que nous habitons nous devient étrangère. Nous la regardons dans le miroir avec incrédulité au mieux, détestation au pire. La puberté n'a pas à être un drame. Cependant, au vu du peu de préparation dont disposent les jeunes filles, elle est souvent vécue comme tel.

Selon Camille Froidevaux-Metterie, l'émotion fondatrice de toute puberté féminine est la honte, car elle est associée au fait d'avoir ses règles. Les femmes ont toujours été sommées de cacher leur état menstruel, comme en témoignent les multiples *alias* préférés au simple mot « règles » : les ragnoutes, les ragnagna, les tu-sais-quoi, ce moment-là du mois, l'armée rouge, la visite de Dame Nature… Les règles deviennent le problème hygiénique numéro un des corps qui menstruent, et se transforment en charge financière. Serviettes, tampons, cups ou culottes de règles : faites votre choix, mais faites-le discrètement. Il ne s'agirait pas de déroger à l'« étiquette menstruelle » (*menstrual etiquette*, un terme inventé par Sophie Laws), qui désigne un ensemble de règles tacites autour de la menstruation, visant à la rendre invisible. C'est l'étiquette menstruelle qui nous fait hésiter à parler de ce sujet librement en public, cacher nos protections au fond de notre sac, nous mortifier de honte si une tache rouge apparaît sur notre pantalon, ou encore endurer une journée de travail avec des crampes insoutenables afin de ne pas nous avouer « indisposée ».

Enfin, Camille Froidevaux-Metterie souligne que les règles, et la puberté en général, entraînent un affaiblissement de la solidarité féminine. Trop ou pas assez formées, en retard ou en avance, les filles trouvent une manière de comparer leurs expériences à celles de leurs amies, et les partager peut devenir source de plus d'anxiété que de réconfort.

Dans la deuxième partie de son analyse, la philosophe s'attache à montrer comment ces bouleversements peuvent devenir des ressources pour penser la sociabilité féminine, ainsi qu'une opportunité pour une réflexion intime. Pour cela, *Alerte rouge* est une aide précieuse.

Meilin Lee est l'héroïne de ce film, une jeune fille de 13 ans qui vit à Toronto, au Canada, au début des années 2000. Ses parents sont d'origine chinoise et tiennent un temple familial au milieu de la ville, à la mémoire de leur ancêtre Sun Yee. Meilin s'attache à rendre Ming, sa mère à l'esprit traditionnel et conservateur, fière. Cela inclut cacher son intérêt pour le boys-band 4*Town, car leur musique pop et leur style flamboyant ne cadrent pas avec l'image qu'a Ming de sa « bonne petite fille ».

Mais n'en déplaise à Ming, les intérêts de Meilin ne sont plus ceux d'une enfant, mais d'une adolescente. Elle a un *crush* sur le caissier de la supérette du coin, qu'elle dessine en triton musclé et torse nu dans l'intimité de sa chambre. Ming découvre le dessin et, au lieu d'admettre que sa fille entre dans un périmètre qu'elle ne peut plus contrôler, à savoir sa sexualité, elle affronte le caissier. Elle montre le dessin de Meilin et le somme de cesser d'importuner sa fille. Morte de honte (la voici, la fameuse émotion de la puberté féminine), Meilin ravale son désir et tente de continuer à être la bonne petite fille souhaitée par Ming.

Néanmoins, personne n'échappe à la puberté. Le lendemain, Meilin se réveille, transformée en panda roux géant. Paniquée, elle ne sait pas quoi faire de ce corps qui l'encombre, qui détruit, qui pue et qui perd ses poils. Cette enveloppe qu'elle ne comprend pas, qu'elle ne maîtrise pas, survenue du jour au lendemain, et pour laquelle personne ne l'a préparée, la désespère. Au départ, elle tente de régler cela seule, et cache ses symptômes à ses trois meilleures amies. Cependant, lorsque celles-ci la trouvent roulée en boule sur le sol de sa chambre, en pleurs, elle accepte leur aide. Il se trouve que la présence de ses meilleures amies est l'une des rares choses qui permettent à Meilin de contrôler son panda.

Ming révèle à sa fille que leur ancêtre, Sun Yee, a accordé cette transformation à ses filles afin qu'elles puissent se protéger durant les temps de guerre. Cependant, ce qui était une bénédiction est devenu un maléfice avec l'arrivée des temps modernes. Meilin doit performer un rituel qui scellera son panda dans un talisman, ce qui l'empêchera de se transformer.

Meilin est l'un des rares exemples fictionnels d'une jeune adolescente faisant de sa puberté et de la découverte de sa sexualité une expérience joyeuse et positive. En effet, passés l'humiliation que sa mère lui a fait subir et le choc de sa transformation en panda roux, Meilin monte avec ses amies une opération afin d'aller voir le concert de 4*Town en cachette. Pour acheter les quatre tickets, elle se sert de son panda roux. Elle développe un business fructueux dans son école, en faisant payer ses camarades pour des sessions photos, des tee-shirts à l'effigie du panda, ou encore en offrant ses services comme attraction pour un anniversaire. Meilin devient à l'aise avec son nouveau corps, allant jusqu'à le monétiser.

Le nœud de son conflit se trouve dans sa relation avec sa mère. Meilin n'a pas de problème avec sa sexualité, mais encore faut-il que Ming l'accepte. Par conséquent, elle refuse d'enfermer son panda dans un talisman. Elle préfère le garder, quitte à perdre le contrôle lorsque ses émotions la submergent. Ming tente de l'obliger à rentrer dans le rang en se transformant à son tour en un gigantesque panda roux. Afin de lui faire entendre raison, Meilin la force à se confronter à sa sexualité en twerkant sous ses yeux. Elle a 13 ans, elle aime les garçons, se déhancher sur de la musique à plein volume, elle veut garder son panda, et sa mère n'a qu'à s'y résoudre ! Son corps, qu'elle a apprivoisé au long du film, elle en dispose comme elle veut. Son panda, son choix.

Alerte rouge est une histoire de fille, racontée par des femmes. Il s'agit du premier film des studios Pixar qui compte une seule réalisatrice (Domee Shi), et dont les postes les plus importants sont occupés par des femmes. Peu d'histoires mettent la puberté féminine au centre de leur propos, encore moins d'une manière aussi drôle et légère.

Si le corps est un objet de réflexion philosophique indispensable, une réflexion sur le corps féminin, sa transformation et les mécanismes d'acquisition de sa puissance est incontournable. Les philosophes disposent d'un corps ; la philosophie est donc une pratique incarnée. Penser son corps, c'est compléter sa pensée.

3

Qui a peur de la grande méchante mort ? *The Good Place* et *Black Panther*

Ma première expérience de la mort, je l'ai vécue à travers celle de mes grands-parents. Je me rappelle le corps de mon grand-père, allongé sur le canapé de son bureau, les bras croisés sur sa poitrine, une rose entre les mains. J'avais cinq ans. Je revois le visage émacié de ma grand-mère, grignoté par le cancer, la dernière fois que je lui ai rendu visite à l'hôpital. J'avais 11 ans. Je me souviens de ma peine durant la cérémonie, de mon refus de communier avec tout ce monde qui grouille au rez-de-chaussée, et de la voix tremblante de mon grand frère qui tente d'amoindrir la douleur. Je me souviens des années de deuil qui ont suivi, du chagrin de ma mère, de mon oncle et de ma tante, qui soudain n'étaient plus les enfants de personne… Ou du moins, de personne en vie. Je me souviens de l'épreuve de la vente de la maison familiale, des week-ends entiers que passait ma mère à la vider, et d'avoir vécu l'été 2011 avec la certitude que c'était « le dernier été ». La vie continue, je grandis, marquée par la mort de mes grands-parents maternels – ce qui paraît, malgré tout, dans l'ordre des choses.

Mes premières réflexions sur la mort s'ouvrent dans les mois et les années qui suivent. Pourquoi est-elle triste ? Qu'est-ce qui fait mal, dans la mort ? Le manque de la personne aimée, ou la mort en elle-même ? Pourquoi est-ce qu'on me dit qu'elle fait partie de la vie, mais qu'il faut en avoir peur ?

Cela me laisse perplexe. La mort m'intrigue parce qu'elle n'a pas l'air négociable.

« As-tu peur de la mort ? »

Et si je répondais « non » ?

Puis-je être prise au sérieux, crue ? J'ai l'impression qu'affirmer qu'on ne craint pas la mort, c'est passer pour une prétentieuse ou une ignorante. Si je répondais « non », on me jugerait avec condescendance. On me dirait : « Quand tu seras grande, tu comprendras. Tu la craindras comme tout le monde… »

À 14 ans, je suis décidée. Qui a décrété qu'il fallait avoir peur de la mort ? J'ai deux mots à lui dire. La mort, c'est inévitable, c'est la seule certitude. Ça arrive tout le temps, et pourtant personne n'en parle. C'est n'importe quoi ! C'est comme le sexe. Pourquoi tout le monde se trimballe sans en siffler un mot, alors que *tout le monde* est né de ça ? Pourquoi est-ce que je galère à regrouper mes miettes d'éducation sexuelle quand toi, tu es né·e d'un orgasme, et toi aussi, et toi aussi, et moi aussi ? Pourquoi est-ce que personne ne parle de l'orgasme dans lequel il ou elle est né·e ? Ou de celui qu'il ou elle a eu récemment ? Hein ? *Pourquoi* ?

L'agacement et la perplexité que je ressentais se sont estompés au fil des années, à mesure que j'ai compris ce qu'est un tabou, et pourquoi ce n'est pas facile à briser. Cependant, les questionnements sont restés. Pourquoi tant de mystère autour des extrémités de notre vie ? Pourquoi la mort fait si mal alors qu'elle est inévitable ? Personne ne pleure le fait que nous ne soyons pas capables de voler ! C'est le privilège des pigeons et des avions, mais pas des êtres humains. Alors pourquoi tout le monde pleure notre mortalité quand elle est indissociable de notre vitalité ? Les pigeons, eux, ont l'air de s'en moquer.

Ma rencontre avec la philosophie apaise ces questionnements. Ses plus beaux outils, à savoir des distinctions, des définitions et des arguments, me permettent d'y voir plus clair.

D'abord, il y a deux types de mort : la mienne, et celle des autres.

En ce qui concerne notre propre mort, Épicure m'a apporté un peu de confort dans sa *Lettre à Ménécée*. Lui non plus n'en avait pas peur. Épicure était un matérialiste de la Grèce antique, ce qui signifie qu'il considérait que toute existence était réductible à la matière. Pas d'âme, pas d'esprit, pas d'entité transcendantale. Il définit tout de même la mort comme « le plus effroyable des maux », mais il insiste sur le fait qu'elle n'est « rien pour nous ».

En effet, pourquoi la craindre alors que, quand nous sommes en vie, elle n'est pas là, et lorsque nous sommes morts, nous ne sommes plus en vie pour la regretter ? La mort n'est jamais là où nous sommes. Pour Épicure, tout bien et tout mal résident dans nos sensations, c'est-à-dire dans nos plaisirs et nos douleurs. Si la mort nous prive de nos sensations, alors elle est une absence, un vide, un néant. Si nous ne sentons plus, nous ne sommes plus, et la notion de bien et de mal s'évapore. La mort n'est donc ni un bien, ni un mal ; elle n'est rien. Il est inutile de la craindre.

Mon moi de 14 ans se sent soutenu.

Cela dit, je n'ai plus 14 ans. Et j'ai changé d'avis.

Les critiques d'Épicure se sont organisés autour de la thèse du « mal causé » (*harm thesis*, en anglais), qui stipule (surprise) que la mort nous cause un mal. Plus précisément, elle stipule que certaines personnes, sous certaines conditions, peuvent voir leur bien-être général diminué par leur propre mort, même si celle-ci est absence de sensations.

Son argument principal est celui de la privation : le mal réside dans les sensations et les expériences dont nous prive la mort. Si une personne mène une vie bonne et la voit raccourcie par la mort, se voit privée de tous ses plaisirs, écartée de ses relations, abandonnant ses projets, alors il faut considérer qu'elle est privée de quelque chose. La mort nous cause un tort en ce qu'il serait mieux de continuer à vivre, si nous pouvions vivre bien. La mort est un mal lorsqu'elle nous fait basculer dans un état pire que celui dans lequel nous nous trouvions.

Cet argument me frappe d'autant plus lorsque je le transpose à autrui. Une rupture, qu'elle soit amicale, amoureuse, ou familiale, peut nous placer dans une situation similaire à celle de la mort de notre proche. La personne n'est plus là, elle nous manque, on aimerait qu'elle revienne tout en sachant que c'est impossible – la blessure était trop grande, le besoin de s'éloigner, trop pressant, les chemins de vie, trop divergents, qu'importe. Il est possible que cette personne devienne comme morte pour nous. On ne lui parle plus, on n'a plus de ses nouvelles, on ne la croise plus, on n'espère plus que le contact reprenne.

Et pourtant, même si nous souffrons de cette séparation, il reste l'impression que la situation serait pire si cette personne était décédée. Quand une personne nous manque, même si on ne lui a pas parlé depuis des années, on peut se réjouir de l'idée qu'elle vit quelque part en bonne santé, on peut l'imaginer réaliser ses objectifs, on peut l'imaginer heureuse. Il semble que, si l'on souhaite le *meilleur* pour cette personne, on lui souhaite la vie – du moins, une vie agréable. Si cette personne venait à mourir, nous penserions que ce serait un mal terrible.

Et le mal serait bien la mort en elle-même, pas les conséquences qu'elle aurait sur nous. Notre situation resterait inchangée. Nous pleurerions le fait que cette personne n'ait plus accès au bonheur que nous lui souhaitions. Lorsqu'on pense à la mort des autres, on ne pense pas qu'elle n'est rien pour eux et elles. Au contraire, on se dit que leur absence de sensations est un drame. C'est injuste que ces personnes ne puissent plus continuer à jouir des biens et des plaisirs qu'offre la vie. Nous sommes tristes de savoir ses projets abandonnés, non pas parce que nous aurions aimé les découvrir, mais parce que nous savons qu'elle n'aura pas la satisfaction de les terminer.

En déplaçant le curseur de la mort sur celle des autres plutôt que sur la nôtre, en considérant que la mort d'un proche est un drame, non pour nous, mais pour notre proche, l'idée d'Épicure selon laquelle la mort n'est rien apparaît fragile.

Cela dit, la thèse du mal causé vient avec son lot de froncements de sourcils. Bienvenue en philosophie, où rien n'est infaillible et où tout pose des problèmes.

En effet, si la mort est un mal pour la personne qui meurt, peut-on dire que cette personne est *affectée* par sa propre mort ? Si oui, en quel sens ? Est-ce important de savoir si la personne peut ressentir cette affectation ? Et si elle peut la ressentir, *quand* la ressent-elle ? Si la mort est un mal, à partir de quel moment sommes-nous dans une situation pire que si nous n'étions pas mort·e ?

Pour le savoir, rien de plus simple : rejoignez la conversation philosophique sur le sujet, et trouvez la réponse qui vous convainc le plus sur le moment… sans garantie de ne pas changer d'avis ensuite.

Si ma mort devait arriver aujourd'hui, je considérerais qu'elle me cause un tort. Par exemple, si elle m'empêchait de publier ce livre, je serais écœurée, car c'est un projet qui me tient immensément à cœur (mais si vous êtes en mesure de le lire aujourd'hui, c'est que tout s'est bien passé – pfiou, ça me rassure !). Néanmoins, la mort n'est pas qu'un mal. Si tel était le cas, tout le monde souhaiterait être immortel·le. Et je ne sais pas si vous avez déjà fait le test autour de vous, mais beaucoup de gens rient jaune quand on leur offre l'immortalité pour leur anniversaire.

La mort encadre notre vie. Elle nous donne un horizon vers lequel regarder, une raison pour se dépasser. Une vie éternelle serait saturée d'ennui et dépourvue de détermination. Nous n'aurions pas le même intérêt à essayer de « faire quelque chose » avec notre vie si celle-ci n'avait pas une *deadline*, ou une date butoir (l'appellation anglophone est cent fois plus riche pour mon propos). On ne travaille jamais aussi bien que sous pression, même si elle est minime. On ne se sublime jamais autant que lorsqu'on n'a pas le choix.

Leonard Bernstein, chef d'orchestre et compositeur américain connu pour la musique de *West Side Story*, le résume ainsi : « *To achieve great things, two things are needed : a plan and not quite enough time* » (« Pour réussir de grandes choses, deux choses sont nécessaires :

un plan et pas vraiment assez de temps »). Eh bien, la mort donne une direction à nos projets, à notre vie. La certitude qu'un jour tout cela n'existera plus est un vent dans le dos lorsqu'on poursuit nos désirs.

Bien sûr, nous pouvons souhaiter que cet encadrement soit plus large. Si nous pouvions continuer à vivre bien, nous souhaiterions que la mort soit toujours reculée. Il n'empêche : nous ne vivons pas la même vie quand la mort est lointaine, et quand la mort est absente.

La dernière saison de *The Good Place*, une série créée par Michael Schur, est une excellente illustration de cette différence. Si vous n'avez pas encore vu ce programme et que vous souhaitez conserver le mystère, sautez les prochains paragraphes qui vous spoileront sans vergogne.

Après quatre saisons passées à échapper aux démons de the Bad Place (le Mauvais Endroit) pour tenter de rejoindre the Good Place (le Bon Endroit), Eleanor, Chidi (un professeur de philosophie morale), Jason, et Tahani arrivent enfin au paradis.

Au Bon Endroit, l'existence est parfaite. Chaque personne peut obtenir tout ce qu'elle désire, visiter n'importe quelle époque, boire et manger n'importe quelle nourriture, même un milkshake fait de poussière d'étoile.

C'est d'ailleurs la boisson préférée d'Hypatie d'Alexandrie, une résidante de longue date du Bon Endroit. Hypatie était une brillante mathématicienne et philosophe de la

Grèce antique, l'idole de Chidi depuis qu'il est enfant. Cependant, en lui faisant part de son admiration, il se rend compte que quelque chose cloche…

Hypatie, qui se fait surnommer « Patty », n'est pas aussi intellectuellement affûtée que Chidi l'avait espéré. Elle est même carrément ralentie. Patty refuse de discuter de l'influence qu'a eue Plotin sur sa pensée, ne trouve pas ses mots, et demande à Chidi s'il est l'un de ces… de ces… gars qui pensent avec les livres. Non non non, c'est pas ça… Un gars qui pense en *lisant* des livres ? Un philosophe ? suggère Chidi. C'est ça ! Patty s'excuse – cela fait si longtemps qu'elle n'avait pas parlé de ça, son cerveau est embrouillé. Elle demande alors à Eleanor et Chidi de l'écouter attentivement avant qu'elle oublie comment le dire : ils doivent les aider, elle et toutes les personnes du Bon Endroit, car elles sont dans la mouise.

Patty révèle à Chidi et Eleanor qu'une existence parfaite et infinie transforme les habitants du Bon Endroit en zombies du bonheur. Patty passe ses journées à boire de la poussière d'étoile, à s'asseoir dans de beaux endroits, et à se faire lentement pipi dessus – son urine s'évapore instantanément. Elle est aisément distraite et a oublié tout le savoir qui l'a rendue célèbre dans sa vie sur Terre. Elle en a honte, mais elle oublie cette honte trop vite pour y faire quelque chose, aspirée par la douceur de ses milkshakes et autres satisfactions immédiates qu'offre le Bon Endroit.

En théorie, le Bon Endroit est un paradis où tous les désirs et besoins sont comblés, mais l'enthousiasme pour ces délices finit par s'éroder. L'éternité de l'au-delà pèse alors sur l'esprit, jusqu'à le réduire en purée. Lorsque la perfection dure trop, on devient une personne-bouillie aux yeux vitreux. Lorsqu'on a tout vécu et qu'il reste l'éternité à vivre, l'ennui nous transforme en machines à plaisir apathiques.

Le travail de nos quatre protagonistes pour améliorer l'au-delà n'est pas fini. Ils doivent trouver une solution pour résoudre l'enfer du paradis.

Eleanor suggère la construction d'une nouvelle porte qui permettrait aux habitant·es de partir. Elle explique que vivre au Bon Endroit, c'est comme être en vacances pour toujours. Mais on ne peut apprécier les vacances que parce qu'elles ont une fin. Avec le reste du groupe, elle met au point une nouvelle porte, qui permet à chacun et à chacune de terminer son temps dans l'univers. En traversant cette porte, on redevient des atomes, et on est redistribué·es dans la Nature. Lorsqu'on se sent satisfait·e de son existence, on peut y mettre fin. Michael, le nouvel architecte chargé du Bon Endroit, recommande à ses habitant·es de prendre tout leur temps, de profiter de la vie au Bon Endroit qu'ils et elles ont bien méritée ; et quand une personne se sent prête, elle peut traverser une dernière porte, et être en paix.

Après cette annonce, les résident·es du Bon Endroit explosent de joie et lancent une grande fête. Hypatie confie à Chidi qu'elle va rester dans les lieux un petit peu plus longtemps, afin de réapprendre ce qu'elle savait sur Terre.

La mort est donc réintroduite dans une série qui, dès le premier épisode, l'avait dépassée. Le problème des habitant·es du Bon Endroit n'est pas l'existence parfaite, mais l'éternité. *The Good Place* soutient que rien ne peut être parfait si rien n'a de fin, même une existence au paradis. La fin est la condition *sine qua non* d'une vie heureuse. Même dans les meilleures conditions, une existence sans la mort (ou du moins, sans la possibilité de la mort) n'est pas souhaitable.

La série entière se demande ce que cela veut dire qu'être une bonne personne et mener une vie bonne. Sa conclusion est que la mort en fait partie. Il ne s'agit pas seulement de voir la mort comme *compatible* avec une vie bonne ; il faut considérer qu'une vie bonne *ne peut pas exister* sans la mort. Savoir que tout s'arrête un jour ajoute de la valeur à notre existence.

Bien sûr, les habitant·es du Bon Endroit ne bénéficient que des côtés positifs de la mort, puisqu'elle survient quand ils et elles le souhaitent, sans douleur.

Cependant, les derniers épisodes de la série reprennent une pratique très courante en philosophie. Quand on veut avancer quelque chose d'un peu farfelu, comme « la mort n'est pas qu'un mal », on construit des expériences de pensée qui forcent le trait, afin de voir si la position que nous voulons démentir tient toujours la route. Dans ce cas-là, le processus de pensée ressemble à quelque chose comme ça :

1. Je cherche à montrer que la mort n'est pas qu'un mal.
2. Pour cela, il faut que j'arrive à montrer qu'elle est soit neutre, soit un bien, du moins dans certaines circonstances et pour certaines personnes.
3. La mort est un mal lorsqu'elle nous prive d'une vie bonne qui aurait pu continuer.
4. Une existence parfaite et infinie est donc l'existence pour laquelle la mort serait le plus grand mal, car elle nous priverait de la meilleure vie possible qui aurait pu continuer pour l'éternité.
5. Imaginons un monde dans lequel l'existence est parfaite et infinie, et réfléchissons à ce qu'il s'y passerait. Peut-on raisonnablement argumenter que la mort y serait un mal ?
6. Il semble que non. La position « la mort est un mal » s'écroule précisément dans la situation dans laquelle elle aurait dû être la plus forte. Une existence parfaite n'est pas concevable sans la mort. Dans la situation présentée par *The Good Place*, la mort n'est considérée ni comme un mal, ni comme neutre, mais comme un bien.
7. Donc, la position « la mort est un mal » doit être soit revue, soit abandonnée.

Si quelqu'un souhaitait continuer à défendre l'idée que la mort est un mal, il pourrait attaquer l'étape 3 de mon raisonnement. S'il montre de manière convaincante que la mort est un mal pour une autre raison que celle que j'ai évoquée, alors le reste de mon argument ne tient plus. Il peut donc dérouler son argument, que je peux à mon tour défier, et ainsi de suite jusqu'à ce que l'on trouve un terrain d'entente, ou que l'on se mette à douter de notre propre existence.

C'est la magie de la philosophie.

Notre mort est un mal si elle survient trop tôt, mais elle est aussi une donnée indispensable dans la construction d'une vie satisfaisante. Nous ne pouvons qu'espérer que la nôtre surviendra au moment propice.

Le dernier épisode de *The Good Place* se nomme « Whenever You're Ready » (« Quand vous voulez »). Trois de nos personnages principaux traversent la porte et se fondent dans l'univers. Eleanor a du mal à accepter le départ de Chidi, son compagnon. Elle fait des pieds et des mains pour le persuader de rester, mais celui-ci se sent complet. Il se sent prêt.

Lors de leur dernière soirée ensemble, il lui livre une vision de la mort inspirée des écrits du moine bouddhiste Thich Nhat Hanh : la vie d'une personne est analogue à une vague qui se forme – avec des dimensions, caractéristiques et qualités spécifiques –, et qui retourne ensuite à l'océan dont elle est venue. L'eau est la constante – la vague est pour l'eau une différente façon d'être pour un certain temps, et quand elle retrouve l'océan dont elle est issue, nous devrions nous réjouir, pas nous attrister.

Michael Schur, le créateur de la série, a écrit dans son livre *Comment être parfait*[1] qu'il pleurait un petit peu chaque fois qu'il pensait à cette métaphore belle et paisible. Moi aussi je pleure, mais pas qu'un petit peu, chaque fois que je revois cet épisode et que je me rappelle la vraie valeur du Bon Endroit : il donne la chance d'avoir suffisamment de temps avec les personnes qu'on aime.

Mais nous ne vivons pas au Bon Endroit. La mort survient rarement au Bon Moment. Que se passe-t-il lorsque les personnes que nous aimons meurent sans que nous ayons passé suffisamment de temps avec elles ? Comment vivre après une mort ?

Quand vient la question de la mort, j'ai tendance à penser que celle des autres pose les plus grands problèmes. J'ai l'impression d'avoir trouvé une position plutôt confortable avec l'idée de ma propre mort, mais je reste très mal assise quant à celle des autres. Je pense souvent à la mort de mes parents, à l'épreuve qu'elle constituera. Et même si je ne doute pas qu'elle sera terrible, comprenant aujourd'hui à quel point ma mère a souffert de la perte des siens, il reste que, comme celle de mes grands-parents, elle est dans l'ordre des

1. Philosophie Magazine Éditeur, 2022.

choses. D'abord mes grands-parents, puis mes parents, puis moi. C'est logique, c'est attendu. Il y a au moins cette consolation. Mais lorsque j'imagine la mort de ma sœur, de mes ami·es, de l'homme que j'ai aimé, je vacille. J'ai l'impression que leur mort me clouerait au sol, incapable de parler. Et si les études menées en psychologie sur le deuil[1] montrent souvent une résilience et une adaptabilité inattendues, même pour les morts les plus tragiques, elles montrent aussi l'imprévisibilité des réactions. Quand il s'agit du deuil, je crains qu'il n'y ait aucune manière de se préparer.

Certes, les stoïciens nous conseillent de ne pas verser notre bonheur dans les choses qui ne dépendent pas de nous. Il faut vouloir le monde tel qu'il est. Marc Aurèle nous somme de faire de notre intériorité une forteresse de paix impénétrable, dans laquelle nous pouvons nous retirer durant nos moments de doute ou de tristesse. La plupart du temps, je souscris à ces idées. J'ai toujours à l'esprit la métaphore de Marc Aurèle lorsque je passe une journée seule. J'arrange mon intériorité comme j'arrange mon appartement. Je veux y être bien, et je privilégie le confort à l'audacieux, la tranquillité à l'animation.

Les stoïciens m'ont estomaquée lorsque j'étais en terminale. La découverte de leur doctrine est l'une de

1. G. A. Bonanno, *The Other Side of Sadness : What the New Science of Bereavement Tells Us About Life after Loss*, New York, Basic Books, 2019.

mes plus grandes émotions philosophiques. Elle m'a fait voir le monde sous un autre jour.

Je n'avais aucun pouvoir sur la mort de mes grands-parents. Ils me manquaient mais je ne pouvais rien y faire. Et si je continuais à faire de leur présence une condition pour mon bonheur, je me condamnais à vivre malheureuse.

Le stoïcisme repose sur la distinction entre ce qui dépend de moi et ce qui n'en dépend pas. Celle-ci va de pair avec l'idée que je dois placer mon énergie et mon bonheur dans les choses que je peux contrôler. Ces deux idées ont transformé mon rapport au monde.

Le stoïcisme est la philosophie la plus vivante aujourd'hui. Elle continue de distiller sa sagesse et de nous accompagner durant nos moments difficiles. C'est une philosophie égalitaire (du moins dans ses principes, ses philosophes sont une autre histoire) et cosmopolite qui place la Nature en son centre. Elle ne cessera jamais de nous consoler et de nous rasséréner, comme elle le fait depuis plus de deux mille ans.

Cependant, elle ne me convainc pas dans son rapport au deuil.

Dans son *Manuel*, Épictète défend l'idée que nous sommes en maîtrise de nos émotions. Rien ne nous impose le chagrin, la peur, l'envie, l'anxiété… Ni le monde extérieur, ni les forces intérieures qui nous meuvent (notre éducation, notre société, nos désirs, etc.) n'ont le pouvoir de déterminer nos sentiments. Nos sentiments, et notre comportement en général, sont l'expression de nos jugements. Si nous corrigeons nos jugements, nous corrigerons nos émotions. Nous avons le pouvoir (et même le devoir, si on considère l'atteinte de la vertu stoïcienne comme une exigence morale) de nous ajuster émotionnellement.

Attention à ne pas conclure que les stoïciens veulent se construire un cœur de pierre. Même le plus sage des êtres humains peut pâlir devant la tragédie, s'enthousiasmer dans l'allégresse, s'inquiéter au milieu du danger. Certaines émotions sont appropriées et doivent être ressenties afin de préserver nos relations. Le souci des autres et le plaisir de leur compagnie font partie de notre humanité – mais un comportement irresponsable guidé par nos émotions, non. Le parent qui veille son enfant désespérément malade se comporte plus, et non moins, naturellement que celui qui fuit pour pleurer.

Le stoïcisme peut nous apaiser quant à l'inévitabilité de la mort, la laideur de la maladie, la marche implacable du monde. Il peut guider nos actions et nos sentiments dans l'accompagnement d'un·e proche jusqu'à ses derniers moments. Mais cela ne va pas plus loin. La mort passée, le stoïcisme offre peu de recours. Emporté par sa déférence aux dieux et son aspiration cosmopolite, il ne regarde pas l'individu qui souffre. Il change trop vite d'échelle, et oublie le tremblement des mondes intimes.

L'acceptation de la mort n'enlève pas le manque. L'enterrement n'apaise pas le tournis que donne l'étape suivante : réorganiser la vie. Là où la prise de conscience de la finitude est une unique gifle lancinante, le deuil est une douleur chronique, insaisissable et imprévisible.

La mort inclut davantage qu'un cœur qui cesse de battre. Le deuil et le chagrin ne sont pas l'apanage de la fin de la vie. Il n'y a pas qu'une seule manière de mourir, et il n'y a pas que les êtres vivants qui meurent. Les relations, les époques, les opportunités, les rêves y sont aussi amenés. Ma relation avec la mort s'est forgée dans le décès de mes grands-parents, mais aussi dans ma rupture amoureuse. J'ai vu une personne que j'aimais devenir irrattrapable, ressenti le vide qu'un être laisse autant à 11 ans qu'à 19.

Quand on pleure la disparition de quelqu'un, ou de quelque chose, les conseils qu'on reçoit sont souvent de cet ordre : il faut « passer à autre chose », « aller de l'avant », « faire son deuil »... Ces expressions insinuent que le deuil est une marche en avant, quelque chose d'actif qu'on doit mettre en mouvement, et dont il faut valider chacune des étapes.

Cela se retrouve dans le modèle des cinq (ou sept) étapes du deuil, proposé par la psychiatre suisse et américaine Elisabeth Kübler-Ross en 1969, longtemps admis. Ce modèle suggère qu'un deuil se découpe en moments qu'il faudrait traverser afin de déclarer son deuil complet. Là encore, l'expression suggère qu'il s'agirait d'un état temporaire, qu'on traverserait un deuil comme on traverse une forêt sombre pour rejoindre une clairière.

En général, on prétend que ces étapes sont traversées en un an. Les cinq étapes sont :

- le déni (un état de choc et d'incrédulité) ;
- la colère (accompagnée de la recherche d'un·e responsable) ;
- le marchandage (où l'endeuillé·e nie ou minimise la réalité) ;
- la dépression (qui ne se réfère pas au diagnostic médical, mais à un état d'abattement) ;
- l'acceptation, qui conduit à la résolution du deuil.

Les études quant à la pertinence de ce modèle ne sont pas probantes. Il est remis en question par les experts, mais reste une force dans notre rapport au deuil. Lorsque l'irréversibilité de la mort nous assomme, lorsque nous sommes sans outils pour naviguer sur une mer qui ne cesse de nous faire boire la tasse, ce modèle peut devenir une ligne de vie à laquelle on s'accroche. Il rassure par sa certitude : si je continue dans cette direction, je m'en sortirai. Au bout de cette ligne qui me tient dans le noir, il y a l'arrivée.

Cependant, croire que ce modèle est le seul à suivre peut aussi nous conduire loin de l'endroit que nous voulions rejoindre. Le modèle Kübler-Ross se veut descriptif, pas prescriptif. Il n'y a aucune obligation à passer les étapes une par une dans l'ordre précis établi par la psychiatre, ni même par aucune de ces étapes.

Vinciane Despret, psychologue et philosophe des sciences, envisage l'idée d'étapes figées comme une « autoroute psychique[1] ». C'est une normalisation qui ne représente pas la pluralité des expériences. Et avec chaque norme vient son lot de doute, de honte, et de culpabilité chez les personnes qui en dévient.

La volonté de suivre le modèle Kübler-Ross à la lettre induit l'idée qu'il y a une certaine manière dont on devrait se sentir à un certain moment. La temporalité d'un an, communément admise par ce modèle, provoque de l'angoisse si on n'y adhère pas. L'endeuillé·e peut se retrouver face à la frustration grandissante de ses proches, qui s'impatientent et s'agacent de voir qu'elle ou il souffre encore, alors que, selon toutes les métriques que nous connaissons, elle ou il devrait aller mieux. Ou bien, à l'inverse, les proches pourraient s'inquiéter de voir l'endeuillé·e avancer trop vite, rire trop rapidement, ne jamais se mettre en colère, et continuer sa vie après la mort sans badger à chacune des « grandes étapes ». La personne qui s'éloigne des sentiers battus peut alors cesser d'en parler, effacer ses traces, cacher le fait que la douleur, le manque, ou l'espoir, subsiste en elle « trop » ou « pas assez » longtemps.

---

1. Entretien accordé à Arte en 2021 intitulé « Et si on ne faisait pas son deuil ? ». Accessible ici : www.arte.tv/fr/videos/103447-001-A/et-si-on-ne-faisait-pas-son-deuil.

Pendant ma rupture, on m'a trop répété que le temps aiderait. Cette phrase a été la ligne de vie à laquelle je me suis raccrochée, persuadée qu'elle me mènerait à la tranquillité. Cela m'a conduite à modifier mon rapport au temps. Chaque mois qui passait était un mois de plus dans ma besace, qui devait me faire arriver à la terre sacrée du « passer à autre chose ». Chaque semaine qui s'ouvrait devant moi était une fausse promesse. Une semaine me promettait que j'avais gravi la montagne, et l'autre, que je resterais pour toujours prostrée à son pied. Les jours n'étaient plus à vivre mais à passer, afin de me débarrasser de cette tristesse qui me collait à la peau et que le temps était censé faire partir, comme une douche chaude qui lave la crasse. Mon temps n'était plus le mien mais celui de ma rupture. Je comptais mes années en fonction d'elle.

Cela m'a pris un temps fou (encore lui), avant de me rendre compte que le temps n'est rien tout seul. Après avoir dépassé toutes les mesures acceptables pour oublier une rupture survenue à 19 ans, après m'être frustrée, inquiétée, couverte de honte auprès de mes ami·es, j'ai dû me rendre à l'évidence : le temps ne pouvait rien.

Il n'y avait que moi et mes outils. Le temps était un établi sur lequel je pouvais me pencher pour analyser ce que ce deuil signifiait, mais il n'était pas un remède à lui seul. Le temps n'a pas aidé. *Je* me suis aidée – le temps n'était que la plateforme sur laquelle j'ai construit ce dont j'avais besoin. J'ai le sentiment que j'y serais arrivée plus vite si j'avais su qu'attendre ne fait jamais avancer un chantier.

Nous avons tendance à mettre le deuil en boîte et à lui coller une date d'expiration, car nous voulons rendre le deuil narratif. En le découpant comme une histoire, il devient plus facile de l'intégrer à notre récit personnel. Cependant, comme le souligne le philosophe Kieran Setiya dans son ouvrage *Life Is Hard : How Philosophy Can Help Us Find Our Way*[1], le deuil résiste à la narration. Il ne peut pas être raconté à travers une perspective de « voici le début, voici la fin ». Il vient par vagues et par fluctuations (on aime bien les métaphores de mer et d'océan, dans le monde du deuil), tout sentiment de clôture temporaire, toute blessure refermée prête à saigner à nouveau. Le deuil n'a pas de solution permanente – il est fait d'une perpétuelle ambivalence.

Comment, dès lors, écrire une histoire qui raconte le deuil ? Est-ce possible ? Comment rondement mener une fiction qui sonne vrai à propos de quelque chose d'aussi éparpillé ? Est-on en mesure de réconcilier les principes narratifs qui exigent une évolution claire des personnages avec les eaux boueuses du chagrin ? Est-ce que, et si oui comment, la fiction peut nous aider à vivre le deuil ?

Les histoires traitant de la mort ne manquent pas. Vous-même avez peut-être en tête une histoire qui vous

1. New York, Riverhead Books, 2022, non traduit.

a parlé quand vous en aviez besoin, où vous vous êtes vu·e à un moment où vous ne pensiez plus voir personne. Celle que je vais analyser a ceci de particulier qu'elle brouille les frontières entre fiction et réalité, offrant une réflexion sur la mort à travers ses personnages aussi bien qu'à travers sa simple existence…

Chadwick Boseman était un acteur américain, révélé pour ses interprétations du joueur de base-ball Jackie Robinson dans *42* ; du chanteur James Brown dans le biopic *Get On up* ; et de l'avocat Thurgood Marshall dans *Marshall*. En 2016, il apparaît pour la première fois à l'écran en tant que T'Challa, la Panthère noire. Deux ans plus tard, il est au centre de son propre Marvel, *Black Panther*, réalisé par Ryan Coogler. Le film devient l'un des plus gros succès de l'histoire du box-office, et le premier film de super-héros à être nommé pour l'Oscar du meilleur film. *Black Panther* est la première superproduction présentant un casting majoritairement noir et un réalisateur noir.

Black Panther porte le thème de la mort et de la difficulté à se redéfinir lorsqu'un être cher décède. Cette idée-là n'est pas étrangère aux films de super-héros – T'Challa perd son père, T'Chaka, comme Spiderman perd Oncle Ben, ou comme Batman voit ses parents se faire assassiner sous ses yeux. Cependant, la mort ne reste pas confinée au passé du personnage dans *Black Panther*. Elle est l'un des thèmes principaux du film.

Pour devenir le Black Panther, T'Challa doit suivre un rituel au cours duquel il se remémore la mort de son père. T'Challa se revoit glisser sa bague à son doigt, prêt à lui succéder en tant que Black Panther et roi du Wakanda, royaume fictif d'Afrique de l'Est. Le rituel culmine par son arrivée dans la plaine des ancêtres, où T'Chaka l'attend. Père et fils s'étreignent. T'Challa confie ensuite à son père qu'il n'est pas prêt. Il ne parle pas du fait d'être roi ou d'être le Black Panther, ce à quoi son père l'a préparé toute sa vie. Il n'est pas prêt à vivre sans lui. T'Chaka lui répond qu'un homme qui n'a pas préparé ses enfants à sa propre mort a échoué en tant que père. Et a-t-il déjà manqué à ses devoirs de père ? Jamais, assure son fils.

On rencontre T'Challa au début de son deuil, et on le voit l'intégrer à la personne qu'il est. Il prend la suite de son père en portant l'idée centrale du film : la mort n'est pas la fin.

C'est une idée à multiples interprétations, spirituelles comme matérialistes, qui nous pousse à remettre en question l'idée que la mort est un couperet tranchant le lien entre notre monde et le·la défunt·e. Si la mort n'est pas la fin, alors elle est l'occasion d'une continuité et/ou d'un renouveau. T'Challa reprend le flambeau de son père tout en imprégnant son pays d'une nouvelle politique, révélant aux Nations unies les ressources et le savoir inépuisables de son pays. Il intègre son père dans sa vie à travers l'hommage et l'action plutôt qu'à travers la retenue ou la privation.

Black Panther questionne la nature de la mort. Que faire avec le souvenir des défunts et des défuntes, comment les honorer, quel rapport entretenir avec elles et eux ? Dans une tragique ironie, la saga qui posait ces questions à ses personnages a dû se les poser à elle-même.

Alors qu'une suite pour *Black Panther* est en cours, Boseman meurt d'un cancer du côlon en août 2020. Il laisse derrière lui un héritage précieux pour le cinéma, pour la communauté noire, et pour la juste représentation de celle-ci dans la pop culture. Comme l'écrit Steve Rose dans un article du journal *The Guardian* daté du 29 août 2020 : « Chadwick Boseman a commencé sa carrière en jouant des icônes et pionniers africano-américains ; il la termine en tant que tel » (ma traduction).

Marvel ne remplace pas l'acteur de T'Challa. Dans *Black Panther : Wakanda Forever*, le deuil est double : les personnages pleurent la mort de T'Challa, le public, celle de Chadwick Boseman.

Wakanda Forever brouille la frontière entre la réalité et la fiction. Là où nous sommes habitué·es à voir la fiction augmenter notre réalité, en y ajoutant des pays pleins de *vibranium* et des technologies dont nous ne pouvons que rêver, ce film entrouvre la fiction pour y glisser la réalité. L'acteur du Black Panther est mort. Son histoire doit s'ajuster.

Le film s'ouvre sur Shuri, scientifique de renom et princesse du Wakanda, s'affairant urgemment dans son laboratoire pour trouver une solution qui sauverait son grand frère. Elle échoue. Les rituels funéraires composant les premières minutes font vivre la mémoire de T'Challa.

À travers le personnage de Shuri, nous ressentons la peine de la mort de T'Challa. Pour les fans de Marvel, c'est à travers le film entier que nous nous replongeons, deux ans et demi plus tard, dans la peine de la mort de Chadwick Boseman. Le film montre les différentes attitudes face au deuil qu'adoptent Shuri et la reine Ramonda, leur mère. Celle-ci soutient que T'Challa n'est pas parti, qu'il est encore là, avec elles, d'une manière qui compte. Elle porte la même vision que son mari : la mort n'est pas la fin. Shuri n'est pas de cet avis. Il n'est plus là. Il ne le sera jamais plus.

La reine pose à sa fille la même question que le philosophe Kieran Setiya s'est certainement posée : les pensées que nous avons pour nos morts nous apportent-elles du confort ou du tourment ? Setiya suggère que pour bien vivre son deuil, il faut renouveler sa relation avec la personne décédée. Pour trouver au sein du deuil une place confortable, il faut penser aux mort·es avec sérénité.

Les rituels funéraires du Wakanda exigent de brûler les habits portés le jour de la cérémonie un an plus tard, afin de marquer la clôture de la période de deuil. Cependant, si les rituels nous structurent et nous donnent une direction, ils n'imposent pas de se sentir d'une manière ou d'une autre. Le mort peut continuer d'exister d'une manière bien réelle. Shuri refuse de s'y plier, même une fois l'année écoulée. Si elle s'arrête de servir son royaume un instant et commence à penser à son frère, ce ne seront pas que ses vêtements de deuil qui brûleront… Ce sera le monde entier.

Les exigences narratives d'une histoire bien menée amènent Shuri à compléter ce rituel, car cela marque son évolution au long du film. La scène qui précède le générique montre la princesse seule sur une plage, un feu de camp devant elle, tirant de son sac à dos une tenue blanche que nous avons vue non pas une, mais deux fois. Shuri a également perdu sa mère. La reine Ramonda est morte durant une attaque ennemie sur le Wakanda. Pour qui Shuri complète-t-elle le rituel funéraire ? Son frère ou sa mère ? Le film ne le précise pas. Ce qui est certain, c'est que pour le public, les vêtements brûlent pour Chadwick Boseman.

Le générique de *Wakanda Forever* se déroule devant le tissu blanc consommé par les flammes. Il constitue un endroit où clôturer la période de deuil pour les fans de la saga, pour chaque personne ayant pleuré la disparition de cet acteur. Sa mort n'est pas la fin de tout ce qu'il avait entamé. Letitia Wright a pris sa place en tant que Black Panther, mettant une superhéroïne noire au-devant d'une superproduction devenue l'un des plus grands succès de 2022, et Angela Bassett est désormais la première actrice de Marvel à gagner un prix majeur (en l'occurrence un Golden Globe) pour son interprétation de Ramonda. La série *Black Panther* incarne la vision de la mort qu'elle fait porter à ses personnages en entremêlant les peines réelles et fictives. Elle trace le chemin qui mène de la mort au renouveau.

Si Shuri est montrée brûlant ses vêtements, cela ne signifie pas que la mort de sa famille cessera d'être douloureuse. C'est le propre du deuil que de ne jamais pouvoir être résolu, d'être toujours susceptible de s'ouvrir à nouveau. Le désir d'un deuil narratif, comme le suggère Setiya, va à rebours d'un deuil bien vécu. La vie n'est pas une histoire qui doit nous amener vers la confrontation de nos démons. La fiction nous bouleverse et nous fait grandir, mais il faut se rappeler qu'une histoire est un artifice. Les émotions qu'elle procure sont artificielles, sciemment amenées par des subterfuges de bonnes autrices et bons auteurs. Les personnages sont taillés pour l'intrigue, l'intrigue est faite pour coller aux personnages, pour les confronter à ce qu'ils doivent apprendre, pour provoquer un changement qui soit satisfaisant.

Il y a tant de vrai dans les fictions, tant d'humain, qu'elles suffisent pour changer notre regard sur le monde. Mais la vie ne nous taille aucun costume, ne nous aide pas à confronter nos démons, et n'a pas vocation à être satisfaisante. La vie n'est pas une histoire – l'impossibilité de raconter le deuil en témoigne.

Si la fiction peut jouer un rôle dans notre deuil, il n'est pas celui de le raconter. Une histoire peut plutôt constituer l'un de nos rituels funéraires. Quelque chose qui nous donne de l'allant, une direction, une structure, mais qui n'impose pas d'endroit où arriver. La fiction peut offrir une stabilité dans l'eau toujours trouble, une manière d'évaluer nos sentiments, de mesurer le chemin parcouru et celui qui reste à parcourir. Les rituels sont une manière collective de naviguer à travers le deuil. Mais le deuil ne cesse pas une fois les rituels achevés. La fiction peut alors devenir une boussole personnelle qui pointe vers un endroit où se recueillir seul·e, pour le temps qu'il nous faut.

4

Mon frigo vrombit, le patriarcat aussi *Barbie* et l'engagement féministe

Les prénoms ont été changés afin de préserver l'anonymat des personnes concernées.

L'été de mes 17 ans, je pars une semaine dans la maison de vacances de mon amie Salomé. À mon arrivée, elle me présente à Lauren, une copine que je ne connais pas, et à Jules, un garçon de 19 ans qu'elle a rencontré sur place quelques jours plus tôt. Salomé et Jules sortent ensemble comme on sort avec une personne rencontrée en vacances, sans savoir si cette histoire aura un futur.

On rigole ensemble dans le jardin derrière la maison jusque tard. Salomé, qui a fait la fête la veille, monte se coucher avant nous. On lui assure qu'on n'en a pas pour longtemps. Un peu plus tard, Lauren, Jules et moi voulons rentrer à notre tour.

La porte qui donne sur le jardin est verrouillée. *Idem* pour la porte d'entrée. Salomé a fermé la maison sans voir que nous étions toujours dans le jardin.

Nous voilà enfermés dehors.

Mon amie a éteint son portable, il n'y a pas de voisins, et les cailloux qu'on jette à sa fenêtre ne font pas leur effet. Avant je riais, maintenant je flippe. Je suis au fin fond de la campagne et je m'apprête à passer la nuit dehors avec deux inconnus.

Jules désigne alors sa voiture garée à côté de la maison. À l'intérieur, il a une bouteille de vodka. Et si on allait en boîte plutôt que d'attendre que Salomé se réveille ?

Lauren et moi sommes sceptiques. On peut essayer encore ? Si on lance nos chaussures contre la fenêtre de Salomé, ça finira bien par marcher, non ? Voilà déjà une heure, nous rappelle Jules. Pour lui, le choix est simple. Soit on croupit devant la maison de Salomé toute la nuit, soit on va danser dans ce spot qu'il fréquente souvent.

Lauren hausse les épaules : « Allez, pourquoi pas ? » Moi, j'ai peur. Mais Jules a deux ans de plus que nous, une voiture, connaît le coin, et sort avec ma bonne copine. Je lui fais confiance.

Et je n'ai pas vraiment le choix.

On s'assoit dans son véhicule. Il sort la bouteille de vodka. J'ai les mains moites en la prenant.

Pour noyer ma peur, je bois.

J'ai trois souvenirs de cette soirée. Dans le premier, je tangue pour monter les marches du deck en bois qui mène à l'entrée de la boîte. Dans le deuxième, quelque chose se presse contre mon visage, contre mes lèvres

– c'est humide, c'est désagréable, ça a le goût des emmerdes. Dans mon troisième, je pousse la porte de la sortie de secours, dévale les marches qui mènent au parking, trébuche, et pleure en hurlant le prénom de mon copain. J'oublie qu'il n'est pas là. J'ai besoin de le voir. Quelque chose de grave vient de se produire… mais l'alcool m'empêche de savoir quoi.

Je me réveille dans la même chambre que Lauren. Elle m'explique ce qui s'est passé la veille. Jules et elle m'ont cherchée dans le parking pendant une heure. Ils se sont inquiétés. Jules nous a ramenées en voiture. Et aussi…

« Jules et toi, vous vous êtes embrassés. »

On s'est embrassés ? *Il* m'a embrassée ? *Je* l'ai embrassé ? Qu'est-ce que j'ai le droit le dire ? Qu'est-ce que je dois assumer si je ne veux pas être de mauvaise foi ? Qu'est-ce que je peux rejeter pour raconter ma version de l'histoire ? Jules m'indiffère. Je suis amoureuse de mon copain. Salomé est mon amie. Je n'ai aucune raison d'avoir embrassé ce garçon.

Et pourtant… « Jules et toi, vous vous êtes embrassés. »

C'est que je devais en avoir envie, quelque part, non ? Et pourtant, l'idée me dégoûte. Et pourtant, ça s'est passé, alors je dois bien être responsable d'une manière ou d'une autre. Et pourtant…

Je décide de ne rien dire à Salomé, dans l'espoir que Jules disparaisse de nos vies et qu'on n'en parle plus.

À la rentrée, ils se mettent ensemble.

Cette histoire a coloré toute mon année de terminale. J'ai vécu dans le secret pendant des mois, eu honte en racontant cette soirée à Salomé, perdu des amitiés, fragilisé mon couple, enduré les regards suspicieux de mes ami·es, contenu ma rage à chaque insinuation. J'avais envie de crier : « Je ne voulais pas, je n'y suis pour rien, ce mec m'ennuie, je n'aurais jamais fait ça à Salomé, je suis en couple, et je suis sortie de la boîte en criant le prénom de mon copain, putain ! »

Et pourtant, je n'avais pas le droit de dire que ce n'était pas ma faute. Pour être intègre, je devais assumer ma part de responsabilité, même quand j'avais l'impression de n'en avoir aucune.

Le temps est passé sur cette histoire, et avec lui, le TGV #MeToo. J'ai mis des années à faire le lien avec ce qui m'était arrivé. Je m'étais toujours considérée comme chanceuse dans mon rapport avec les hommes. Je n'avais jamais été violée. Jamais un ami ne m'avait causé d'ennuis. Ma première relation amoureuse m'avait comblée.

Certes, on m'avait déjà traitée de « sale pute » dans la rue quand j'avais 14 ans. Certes, le garçon avec qui j'avais eu ma première expérience sexuelle avait préféré écouter mon « bon, d'accord » plutôt que les dix minutes d'hésitation qui l'avaient précédé, et m'avait larguée trois jours plus tard.

Mais mis à part ces « détails » (qui aujourd'hui n'en sont plus du tout), je n'étais pas de celles qui pouvaient alimenter la tendance Twitter qui allait révolutionner le monde.

Il aura fallu des années d'éducation au féminisme, au consentement, et aux stéréotypes de genre pour que je prenne conscience de ce que Jules avait fait.

Il était en position de force. Plus vieux, moins soûl, connaissant l'endroit, pas particulièrement attaché à Salomé qui n'était qu'un flirt d'été. Il m'a embrassée sans mon consentement, sans même que je sois en mesure de le donner.

Il m'a agressée.

Il m'aura fallu des années d'éducation féministe pour me rendre compte que moi aussi, je pouvais écrire #MeToo.

S'éduquer au féminisme, c'est comme prendre la pilule rouge dans *Matrix*. Le monde autour de nous est le même, mais nous ne le voyons plus de la même manière. Des interactions auxquelles nous n'aurions jamais pensé à deux fois nous indignent. Des gestes de soutien entre femmes nous émeuvent. Et les raisons de certains mauvais souvenirs s'éclaircissent.

Se rendre compte qu'un mal nous a été causé sans que nous en ayons conscience est une étrange sensation. Les philosophes ont donné un nom à ce phénomène (barbare, évidemment, car ce sont des philosophes), à savoir l'« aveuglement réfléchi » (*reflective blindness*, en anglais).

L'aveuglement réfléchi est l'état dans lequel se trouve un sujet lorsqu'il vit une expérience agréable ou désagréable sans s'en rendre compte. Cela peut arriver quand le sujet est distrait, ou bien quand le désagrément survient graduellement.

Dans ce chapitre, je traite de ce phénomène à travers les expériences désagréables, mais les mêmes arguments s'appliquent aux expériences agréables.

Un exemple d'aveuglement réfléchi : le vrombissement du frigo. J'habite dans un studio, ce qui signifie que je travaille et dors dans la même pièce que mon frigo. Celui-ci vrombit par intermittence. Lors de mes premières semaines dans l'appartement, ce son m'empêchait de m'endormir. Au fil du temps, je m'y suis habituée. J'arrive à faire abstraction du bruit. Cependant, je remarque toujours les moments où il s'enclenche, et où il s'arrête. Son vrombissement a beau ne plus me déranger pour me concentrer ou m'endormir, je note toujours les moments où la tranquillité se perd, ou revient.

Je suis en aveuglement réfléchi quand je travaille sans prêter attention à mon frigo. Je ne m'en rends pas compte, mais je subis une expérience désagréable. Le fait que je n'entende plus mon frigo ne signifie pas que j'y suis indifférente. Je reconnais qu'une expérience est agréable (travailler sans le bruit du frigo), et qu'une autre est désagréable (travailler avec le bruit du frigo). Et lorsque je deviens consciente du vrombissement, je prie pour qu'il s'arrête.

Le patriarcat est comme un frigo qui vrombit. Il est la toile de fond de nos expériences, que nous ayons conscience de son existence, ou pas. S'éduquer au féminisme nous permet de l'entendre. Une fois qu'on reconnaît sa présence, on sait pourquoi une expérience a été si déplaisante.

Nous ne sommes pas toujours au courant de tout ce qui nous arrive. Ce qui s'est passé avec Jules était déjà désagréable avant #MeToo. Mais une déplaisance peut en cacher mille autres. Mon éducation féministe m'a montré tout ce qui s'est joué dans cette histoire.

Apprendre ce qu'est le consentement m'a permis de comprendre que je ne l'avais pas donné. Apprendre ce qu'est une agression m'a permis de comprendre que mes barrières avaient été franchies. Apprendre ce qu'est la culpabilisation des victimes m'a permis de comprendre pourquoi je m'étais contorsionnée dans une position contradictoire, et pourquoi j'avais l'impression qu'il m'était interdit d'en sortir. Au lieu de me battre pour faire entendre l'idée que je n'y étais pour rien, que le coupable, c'était *lui*, je me suis rangée derrière l'idée que quand deux personnes s'embrassent, c'est qu'elles l'ont cherché.

Surtout la fille.

Le frigo patriarcal vrombissait à réveiller les morts. Mais sans savoir qu'il existait, je ne pouvais pas expliquer mon sentiment d'injustice. Je ne pouvais pas comprendre l'entièreté de ce qui m'arrivait, et donc expliquer précisément pourquoi cette soirée et tout ce qui s'est ensuivi m'avaient tant affectée.

Les ramifications philosophiques de l'aveuglement réfléchi ne s'arrêtent pas là. Cette idée rebat les cartes des concepts d'agréable et de désagréable. Ces notions sont centrales en philosophie morale, car celle-ci ne s'attache pas seulement à distinguer ce qui est bien de ce qui est mal. Elle veut aussi comprendre *comment* nous jugeons ce qui est bon et mauvais. Qu'est-ce qui fait que nous avons une expérience désagréable ? Parmi les réponses proposées par les philosophes, on trouve les suivantes :

1. La motivation. Une expérience est désagréable à partir du moment où elle motive le sujet à se battre contre sa continuation.
2. L'aversion. Une expérience est désagréable à partir du moment où le sujet ne l'apprécie pas.
3. Le caractère intrinsèque. Une expérience est désagréable par sa nature elle-même[1].

Comme partout en philosophie, chaque solution se vaut, et aucune n'est infaillible. Mon but n'est pas de déclarer quelle solution est la bonne (en philosophie, cela n'arrive quasiment jamais), mais de montrer comment #MeToo a fait avancer la discussion philosophique.

Je pense que la réponse 3, celle du caractère intrinsèque, est la plus en accord avec les avancées du féminisme. Elle est la seule qui permette d'expliquer

1. R. Stuart, « Is Unpleasantness Intrinsic to Unpleasant Experiences ? » *Philosophical Studies*, 99, 2000, p. 187-210.

comment le patriarcat agit sur la qualité de nos expériences, et donc de nos vies. Grâce à la quatrième vague de féminisme, cet impact est devenu visible. Pour soutenir cette idée, voyons pourquoi les hypothèses de la motivation et de l'aversion ne sont pas satisfaisantes.

Premièrement, la réponse de la motivation peine à expliquer le comportement des victimes d'agression. Souvent, celles-ci ne réagissent pas. Elles se figent et attendent que cela passe. Rien ne les motive à se battre contre leur agresseur, soit parce que résister les mettrait dans un danger encore plus grand, soit parce que leur cerveau devient incapable de leur donner les instructions pour ce faire. On a utilisé l'idée qu'une expérience n'est désagréable qu'à partir du moment où on cherche à la fuir afin de discréditer les expériences de milliers de victimes. « Pourquoi tu n'as pas crié ? », « Pourquoi tu ne t'es pas enfuie ? », « Pourquoi tu ne t'es pas débattue ? » On s'est servi de leurs réponses pour mettre leur parole en doute. Aujourd'hui, des études en neurobiologie permettent de comprendre comment la peur affecte notre cerveau[1]. Elle peut nous paralyser. Cette incapacité à penser et à agir, les chercheuses et chercheurs l'ont appelée « sidération psychique ». Soixante-dix pour cent des victimes de viol déclarent avoir été

1. F. Zafiri, A. Vande Casteele, « Sidérées : pourquoi certaines victimes de violences sexuelles ne réagissent pas », *Le Monde*, 25 juillet 2021 ; J. W. Hopper, « Why Many Rape Victims Don't Fight or Yell », *The Washington Post*, 23 juin 2015.

paralysées face à leur agresseur[1]. L'envie de se battre ne dit rien sur l'atrocité de ce qui nous arrive.

Deuxièmement, la réponse de l'aversion s'effondre face à des états émotionnels complexes, tels que la dépression. Elle peine aussi à admettre que se faire manipuler, tromper, flouer est une expérience désagréable. On peut facilement confondre motivation et aversion, car nous voulons presque toujours éviter les expériences que nous n'aimons pas, et nous n'aimons pas les expériences que nous voulons éviter. Cependant, ces deux notions sont bien distinctes. En effet, nous pouvons souhaiter qu'une expérience déplaisante continue. Par exemple, lors d'un traitement médical que nous voulons mener à bien pour notre santé. Nous pouvons également souhaiter qu'une expérience plaisante s'arrête. Par exemple, lorsque nous avons mangé suffisamment de gâteau au chocolat.

L'aversion est une réponse simpliste à la question que nous examinons. La philosophe Elizabeth Ventham utilise l'exemple de la dépression pour le prouver[2]. Selon elle, souffrir de dépression ne veut pas toujours dire souhaiter que la maladie s'arrête, ou détester notre état. Elle rappelle qu'un des symptômes principaux de

1. A. Möller, H. P. Söndergaard, L. Helström, « Tonic Immobility During Sexual Assault : A Common Reaction Predicting Post-Traumatic Stress Disorder and Severe Depression », *Acta Obstetricia et Gynecologia Scandinavia*, 96/8, 2017, p. 932-938.

2. E. Ventham, « Reflective Blindness, Depression and Unpleasant Experiences », *Analysis*, 79/4, 2019, p. 684-693.

cette maladie n'est pas la tristesse, mais l'apathie. Être apathique, c'est-à-dire ne ressentir ni désir, ni intérêt, ni émotion, empêche l'introspection nécessaire pour évaluer notre état comme étant indésirable.

De plus, l'apathie se couple parfois d'une incapacité à ressentir le plaisir. Ce symptôme, central dans les cas de dépression les plus graves, se nomme l'anhédonie. Les personnes qui en souffrent ne tirent plus aucune joie des activités qu'elles apprécient d'ordinaire. Aller au cinéma, voir ses ami·es ou sa famille, ou cuisiner un bon repas ne devient pas insoutenable pour autant. Au lieu de cela, la perception du ou de la malade est voilée, et elle devient hermétique au plaisir que ces expériences procurent.

Enfin, la dépression empiète lentement sur l'humeur, les désirs, et la vie en général des personnes affectées. Celles-ci peuvent mettre des mois, voire des années, avant de se rendre compte des changements graduels de leur santé mentale. Pour toutes ces raisons, les personnes en dépression ne qualifient pas toujours leur condition comme désagréable. Leur jugement est troublé par leur maladie. En cela, la dépression est l'un des exemples majeurs d'aveuglement réfléchi. On ne se rend pas compte qu'une maladie perverse est en train d'enfoncer ses crochets dans notre esprit.

De plus, l'aversion suppose qu'il n'est pas désagréable en soi de se faire tromper. Quand quelqu'un nous roule dans la farine, nous ne pouvons pas qualifier notre expérience de désagréable. Pire, on peut penser que la personne qui nous cause un tort en nous manipulant est celle qui nous veut du bien. Le féminisme a mis en lumière les mécanismes d'emprise qui peuvent exister au sein d'une relation amoureuse, amicale ou professionnelle. Dans une relation d'emprise, un parti dépossède lentement l'autre parti de son libre arbitre, en lui faisant croire qu'elle est la seule personne sur qui compter[1]. La personne manipulatrice discrédite la souffrance que la personne manipulée exprime, se veut rassurante en expliquant que tout cela se passe dans sa tête. La réalité de la personne manipulée est niée, et celle-ci se retrouve à faire davantage confiance à son·sa manipulateur·trice qu'à elle-même. L'emprise est un conditionnement qui vise à dominer l'autre. Certaines victimes de ce type de manipulation ne s'imaginent pas exister sans leur manipulateur. Elles entretiennent avec lui une relation de dépendance, parfois de confiance aveugle, mais pas d'aversion. Pourtant, il paraît crucial pour une théorie philosophique voulant définir ce qu'est une expérience désagréable d'inclure ce type de manipulation dans sa définition.

Les théories de la motivation et de l'aversion ne parviennent pas à répondre de manière satisfaisante aux phénomènes mis en avant par le féminisme. Notre dernière candidate, la théorie de la nature intrinsèque, est la seule qui peut s'en accommoder.

1. C. Dossios, « La relation d'emprise », *Le Journal des psychologues*, 337/5, 2016, p. 46-49.

Selon cette théorie, le caractère désagréable d'une expérience se trouve dans l'expérience elle-même. Vous souvenez-vous du concept des qualia, que nous avons abordé dans le premier chapitre ? Les qualia, ce sont nos sensations intérieures, depuis *ce que cela fait* de voir un beau bouquet de roses, jusqu'à *ce que cela fait* de se sentir trahi·e. Eh bien, le caractère désagréable d'une expérience se trouve dans nos qualia. En d'autres termes, il ne peut pas y avoir un changement dans l'intensité de l'expérience désagréable que nous vivons sans un changement dans nos qualia. Une expérience est désagréable non pas parce que nous désirons qu'elle se termine, ou bien parce que nous la détestons, mais parce qu'elle nous fait sentir d'une certaine manière.

Ces distinctions peuvent paraître triviales, mais je pense qu'elles soutiennent les avancées du féminisme. Les expériences des victimes étaient autrefois minimisées, remises en doute, voire ignorées. On se concentrait sur ce que ces dernières avaient fait, dit, ou porté afin d'évaluer si l'événement avait été désagréable. Dans ce dernier cas, la théorie de la motivation se déployait dans toute sa laideur : si elle avait porté ces vêtements-là, c'est qu'elle l'avait cherché. Par conséquent, elle ne pouvait pas avoir passé un mauvais moment. On oubliait ce que les femmes avaient ressenti. Bien sûr, ces tendances sont encore présentes, et beaucoup trop. Cependant, la lutte contre les violences sexuelles est parvenue à faire émerger une nouvelle manière de penser les mauvaises expériences. La question n'est pas : « Est-ce qu'elle le voulait ? » ni : « Est-ce qu'elle a aimé ? », mais : « Qu'a-t-elle ressenti ? »

Comme toutes les théories philosophiques, celle de la nature intrinsèque est percluse de faiblesses. En effet, nos expériences désagréables deviennent moins lisibles, pour les autres comme pour nous-même. Identifier nos motivations et nos aversions est déjà une tâche compliquée, mais identifier des sensations, c'est une autre paire de manches. Nos qualia sont fondamentalement subjectifs – nous ne serons donc jamais certain·es que nous avons vécu la même sensation que quelqu'un d'autre, encore moins si nous la trouvons désagréable. Selon l'idée de la nature intrinsèque, une expérience désagréable est profondément intime. Dès lors, comment s'entendre sur ce qui constitue une telle expérience ? Sommes-nous capables de dégager un terreau commun, ou bien sommes-nous contraint·es au relativisme, c'est-à-dire à l'idée que cette définition est propre à chacun·e ?

La nature intrinsèque n'est pas une théorie miracle. Cependant, elle ne s'effondre pas face aux arguments du féminisme, contrairement à celles de la motivation et de l'aversion. En philosophie, l'hypothèse qu'on favorise est la plus robuste, celle qu'on peut cribler de balles sans qu'elle s'écroule. De plus, il s'agit là de mon argument. Si quelqu'un pense que je me trompe sur toute la ligne, je l'invite à le démontrer. Si quelqu'un pense que la motivation ou l'aversion ont la capacité d'expliquer les avancées du féminisme, je suis curieuse de l'entendre. L'une des habiletés les plus importantes en philosophie, du moins telle que je la conçois, est la souplesse d'esprit. On ne s'attache pas à une théorie en particulier. Il faut être prêt·e à remettre nos convictions en question. Si ma démarche philosophique est intègre, je considère les critiques de mon argumentation comme des opportunités pour me rapprocher de l'idée la plus juste. Un·e philosophe cherche la vérité, pas à avoir raison. Les autres ne sont pas des adversaires, mais des collaborateur·trices. Si ma théorie a des faiblesses, mais que je souhaite la défendre car je pense sincèrement qu'elle est la plus convaincante, je dois *chercher* la critique. Où sont ses points faibles ? Comment puis-je les corriger ? Comment puis-je la nuancer, la reformuler, afin qu'elle soit le plus robuste possible ? La critique est la seule piste d'amélioration. Et si mon hypothèse est réfutée, je peux ressentir de la déception, voire de l'amertume. Mais celle-ci ne doit pas être plus grande que mon désir d'éclaircir la question. La philosophie est une démarche collective. C'est l'une de ses plus grandes forces.

Cela n'empêche pas les philosophes de se braquer et de se hurler dessus. On reste des êtres humains, tout de même.

La philosophie nous permet de comprendre deux choses cruciales dans l'engagement féministe. Premièrement, une expérience est désagréable par nature, non parce que nous souhaitons qu'elle s'arrête ou parce qu'elle nous déplaît. Deuxièmement, nous n'avons pas toujours conscience que nous vivons une expérience désagréable. Nous ne savons pas toujours décrypter nos sensations, ni même reconnaître leur présence. Il a fallu des années de lutte menées par un mouvement organisé pour nous faire entendre le vrombissement du frigo, et nous donner les outils nécessaires pour identifier ce que nous ressentions.

Le féminisme et ses questions ont envahi la pop culture. Et nul autre film n'en est la preuve plus concrète que *Barbie*, la comédie réalisée par Greta Gerwig. *Barbie* illustre à merveille le principe de l'aveuglement réfléchi. Le film retrace l'histoire de deux engagements croisés, celui de Ken, puis celui de Barbie, qui prennent conscience des travers de leur monde. *Barbie* est l'histoire d'un éveil féministe, d'une remise en question profonde, et d'un engagement militant.

Barbie vit dans le monde merveilleux de Barbieland, dans lequel les Barbie règnent en maîtresses. Barbie est présidente, écrivaine, prix Nobel de physique, sirène, ou bien tout simplement stéréotypiquement Barbie. En d'autres termes, elle vit dans une maison rose, organise des « Girls' Nights » tous les soirs, et reste belle. Barbie peut tout faire. Barbie est tout.

Ken, lui, est juste Ken.

Barbieland est un havre en plastique d'empouvoirement féminin. Chaque Barbie montre une facette de ce qu'une femme peut être, ce à quoi elle peut ressembler, et célèbre toutes les formes d'expression de la féminité.

Barbie avocate pleure durant sa plaidoirie car oui, ce sujet l'émeut, mais son émotion n'enlève rien à sa rationalité. Les Barbie sont des modèles pour toutes les petites filles dans le vrai monde. Grâce à elles, tous les problèmes du féminisme ont été résolus.

Le travail de Ken est plage. Pas moniteur-sauveteur, ni instructeur de surf, ni même être à la plage. Ken, simplement, plage. Il plage tous les jours en attendant que Barbie le regarde et qu'il se sente ainsi exister. Lorsqu'elle ne lui retourne pas ses regards langoureux, c'est comme si un poignard se fichait dans son cœur.

Un jour, la belle mécanique de Barbie s'enraye. Son esprit est pollué par des pensées morbides. Elle se retrouve les pieds rivés au sol, au lieu de se déplacer délicatement sur ses orteils. Il lui faut se rendre dans le vrai monde afin de comprendre pourquoi sa vie parfaite est perturbée. Elle accepte que Ken l'accompagne, même si elle ne voit pas trop à quoi il pourrait servir. Au moins, il a apporté ses rollers.

Exposée sur la promenade de Venice Beach, Barbie se sent observée. Elle découvre ce que c'est qu'être une femme dans le vrai monde : les regards libidineux, le mépris des hommes, et les salles de réunion exclusivement masculines pour parler de ce qui fait rêver les petites filles. Et Ken découvre ce que c'est qu'être un homme. Ici, ce sont les hommes qui commandent. Les gens l'écoutent quoi qu'il dise. Il n'a plus à plager toute la journée grâce au pouvoir merveilleux d'un système inédit : le patriarcat.

Ken retourne seul à Barbieland et met en place ses propres valeurs patriarcales, à savoir la suprématie des chevaux et des manteaux en vison. Il retire le pouvoir aux Barbie et transforme le monde de plastique en Kendom (contraction des mots Ken et *kingdom*, qui signifie « royaume » en anglais), dans lequel les Ken ont enfin accès à toutes les professions autrefois réservées aux Barbie. Barbie, de son côté, en apprend davantage sur la condition des femmes dans le vrai monde, et sur les injonctions contradictoires dans lesquelles elles sont empêtrées.

Les prises de conscience de Barbie et Ken se croisent : Barbie se rend compte que le monde n'est pas aussi rose (jeu de mots intentionnel) qu'elle le pensait, et Ken se rend compte qu'il peut être davantage que « juste Ken ». Il sort de son aveuglement réfléchi. Il comprend pourquoi vivre aux côtés de Barbie était si souvent désagréable. Il désirait être avec elle et appréciait chaque moment où elle le regardait, mais se sentait négligé et incapable de vivre sans elle. Ce qu'il pensait être sa faiblesse, c'est-à-dire le fait d'être « juste Ken », devient ce qu'il apprend à cultiver : penser à Ken sans Barbie. Il se suffit à lui-même. *He is Kenough*.

Barbie, elle, apprend à être plus attentive aux personnes avec qui elle cohabite. Bien confortable dans sa maison de rêve, elle ne savait même pas où habitaient les Ken dans Barbieland. Elle découvre, grâce aux femmes qu'elle rencontre dans le vrai monde, le long combat féministe qui se déroulait alors qu'elle pensait que Barbie avait réglé tous les problèmes. Elle décide de s'engager auprès des femmes du vrai monde. Elle abandonne sa condition de poupée et sa vie de plastique (bien qu'elle soit fantastique) et devient une humaine à part entière. Elle veut faire partie des gens qui donnent du sens aux choses, pas la chose qu'on fabrique.

Au cours d'un même film, Gerwig dépeint toutes les facettes de l'engagement : Ken se rend compte de son oppression, Barbie se rend compte qu'elle oppresse, et les Barbie vivant sous le règne des Ken se rendent compte qu'elles ont été embobinées dans un système qui les dévalorise. Gerwig saupoudre son film de situations que la plupart des femmes reconnaîtront : celles où on a entendu le frigo vrombir pour la première fois.

Afin de faire tomber le Kendom et de retrouver Barbieland, Barbie et ses alliées murmurent à l'oreille des poupées endormies par le patriarcat des vérités cinglantes : « Il faut trouver un moyen de repousser les avances des hommes sans blesser leur *ego* » ; « Si tu dis oui à un homme, tu es une traînée, mais si tu dis non, tu es une coincée » ; ou encore : « Le pouvoir que tu détiens, tu dois le cacher avec un gloussement. » Quand elles entendent ces paroles, les Barbie se réveillent de la transe dans laquelle le royaume des Ken les avait plongées, et se rappellent leur potentiel. Elles n'ont pas à écouter les Ken leur parler du *Parrain* à n'en plus finir, ni à les laisser leur montrer comment tenir une batte de base-ball, jouer de la guitare, ou à entendre qu'elles seraient plus jolies si elles enlevaient leurs lunettes.

Elles n'ont pas à accepter des valeurs qui ne sont pas les leurs comme seules valeurs acceptables.

Ce sursaut dans un monde qui nous déconsidère, c'est le premier pas dans l'engagement féministe.

Barbie nous montre l'aveuglement réfléchi sous toutes ses coutures, et le changement radical qu'apporte l'éducation féministe à notre perception du monde. Philosophie et féminisme sont amies de longue date, même si certains philosophes ont déployé des efforts colossaux pour les séparer. Elles s'enrichissent mutuellement afin de nous donner les meilleures clés possible de compréhension du monde, et de notre place en son sein.

Lorsque Barbie souhaite devenir humaine, sa créatrice Ruth Handler la prévient. Les êtres humains ont une fin. Mais les idées sont éternelles. Barbie n'a pas à demander sa permission pour devenir humaine. Ruth fera comme toutes les mères, et toutes les militantes et penseuses féministes qui nous précèdent. Elle se tiendra immobile afin que sa fille puisse se retourner et voir le chemin parcouru.

5

Souffrir ou ne pas souffrir, telle est la question Poules, sirènes, dragons, et antispécisme

Au début de ma troisième année de fac, un cours de philosophie morale change mon rapport à la nourriture pour toujours.

Notre professeure d'éthique nous explique ce que sont les biais implicites, à savoir des attitudes négatives que nous montrons envers un certain groupe social sans en avoir conscience. Ils sont fondés sur des associations que nous faisons inconsciemment. Par exemple, associer automatiquement les métiers scientifiques à des hommes, et les métiers du soin à des femmes.

Notre professeure souhaite nous épargner une leçon sur l'immoralité des biais racistes et sexistes. Nous n'avons pas besoin d'un exposé de cinquante minutes pour arriver à cette conclusion. Au lieu de cela, elle choisit l'angle des biais entre les espèces. Au début de son intervention, elle affiche un site internet sur le grand écran de l'amphithéâtre, où apparaît une longue liste d'animaux divers. Poissons sauvages, poissons d'élevage, poulets, cochons, canards, lapins, oies, dindes, moutons, bovins… mais aussi des animaux plus inattendus tels que des chevaux, des ânes ou des chameaux. À côté de chaque nom d'animal se trouve un compteur, qui commence à grimper dès le moment où la page s'ouvre. Notre professeure nous présente le site comme une horloge à abattage d'animaux à des fins alimentaires[1]. Les compteurs nous montrent combien ont été tués dans le monde depuis qu'elle a ouvert la page.

Avec l'horloge qui tourne dans son dos, notre professeure commence son cours. Quelles raisons avons-nous de manger de la chaire animale (viande ou poisson) ? Cette question me met mal à l'aise. Je viens de commencer le crossfit, un sport exigeant. Pour la première fois, je m'intéresse à la nutrition et au nécessaire pour avoir une alimentation saine, équilibrée, qui favorise la prise de masse musculaire.

Naturellement, toutes mes recherches pointent vers une alimentation riche en viande, en poisson, et en produits laitiers.

Cependant, je fais l'autruche depuis un moment quant au bien-être animal. J'ai la vague idée que nous les maltraitons à grande échelle depuis qu'une publicité

1. Une version similaire de l'horloge qu'a utilisée ma professeure se trouve à l'adresse suivante : https://thevegancalculator.com/animal-slaughter.

m'a montré l'ancien Beatles Paul McCartney dénonçant ces traitements sur fond d'images d'abattoir, mais je n'ai jamais regardé plus loin. Par peur, certainement, de ce que j'y trouverais.

Une fois de plus, la philosophie me sort de ma couardise et me met face à mes contradictions.

Je lève la main et suggère timidement : « Parce qu'ils sont une bonne source de protéines ? »

Une camarade de classe me répond, assez sèchement, qu'on peut obtenir les protéines dont nous avons besoin littéralement partout ailleurs.

Le cours se poursuit. À chaque question soulevée, mes réponses d'omnivore me paraissaient faibles et hypocrites. Suis-je d'accord avec le fait que les animaux d'élevage sont capables de ressentir de la douleur ? Oui. Suis-je d'accord avec le fait qu'infliger des souffrances à un être vivant sans raison valable est cruel ? Oui. Suis-je d'accord pour dire que des plaisirs gustatifs ou une prise de masse musculaire pour une pratique sportive amatrice sont des raisons dérisoires pour infliger des souffrances à des êtres vivants, d'autant plus quand de nombreuses alternatives existent ? Oui, là encore.

Alors pourquoi est-ce que je continue à manger des animaux ?

Je me tais pour le reste du cours. J'écoute les arguments des un·es, des autres, les objections, et les interventions de ma professeure. Les nombres qui s'affichent à côté des noms d'animaux sont astronomiques.

En cinquante minutes, près de 110 millions de poissons sauvages, 7 millions de poulets, 4 millions de poissons d'élevage, 163 000 cochons, 131 000 lapins, ou encore 34 000 bovins ont été tués dans le monde par les industries de la viande, des œufs et des produits laitiers.

Ces données me bouleversent… puis je me décide. Je n'en peux plus de perpétuer des attitudes que je sais immorales. Je n'en peux plus de vivre en désaccord avec mes convictions. Je n'en peux plus de vivre en dissonance cognitive, c'est-à-dire dans la tension qui émerge de la contradiction entre mon comportement et mes idées.

Il est temps d'être une autruche courageuse. Il est temps de sortir ma tête du sable.

Je termine les quelques morceaux de poulets, pavés de saumon et yaourts qui restent dans mon frigo… puis je deviens végane.

Pendant ce cours, j'ai ressenti l'une des plus grandes forces de la philosophie. Un·e philosophe ne peut pas se contenter de penser. Il ou elle doit aussi agir. Être philosophe, c'est vivre en accord avec ses principes. Je respectais trop ma discipline pour faillir à ses exigences. Nos échanges dans l'amphithéâtre m'avaient persuadée d'une chose : cesser de consommer tout produit d'origine animale était la seule solution pour me débarrasser de la petite voix dans ma tête. Il s'agissait également d'un des domaines où une excursion dans les faits de notre société était indispensable pour construire un argument philosophique. De fait, vous trouverez dans ce chapitre davantage de données factuelles que dans les autres. Néanmoins, celles-ci participent à l'effort philosophique essentiel de penser notre rapport aux autres êtres vivants.

Afin de réaliser cette transition de régime alimentaire, j'ai effectué des recherches. Je me suis renseignée sur le régime végane en lui-même et pour les athlètes, j'ai imprimé un tableau référençant les nutriments nécessaires à la bonne santé d'un·e adulte et une liste de tous les types d'aliments que devait contenir un repas végane équilibré, et je les ai affichés dans ma chambre. Le crossfit m'avait déjà fait prendre conscience de l'importance de la nutrition. Grâce à cela, j'ai pu changer de régime prudemment, en m'assurant que mon corps recevait ce dont il avait besoin.

Je n'ai jamais été gastronome. J'accorde de l'importance à bien manger car c'est important pour la santé, mais cela ne me procure pas le plaisir que cela procure à d'autres. Abandonner certains plaisirs gustatifs ne m'a pas gênée. Cependant, étant végane depuis plus de cinq ans maintenant, j'ai pu mesurer l'attachement émotionnel profond qui nous lie à la nourriture. Au-delà des remarques pénibles (« Les burgers véganes, c'est vraiment dégueulasse ! », « Si tu étais sur une île déserte et que tu n'avais pas le choix, tu mangerais de la viande ? », « Allez, c'est Noël [ou n'importe quelle autre occasion], tu peux bien faire une exception ! »), j'ai découvert la réticence profonde de mes proches à changer leurs habitudes alimentaires. Plusieurs m'ont confié qu'ils ne se renseignaient pas sur la maltraitance des animaux car ils savaient qu'ils n'auraient pas la force de changer leur régime. Ils préféraient manger leur steak haché dans une heureuse ignorance plutôt que dans la culpabilité.

Changer ses habitudes alimentaires demande, en effet, de la force. Il faut vivre en marge d'un monde centré sur la consommation de produits d'origine animale, et s'armer de patience pour répondre aux questions plus ou moins malhonnêtes. J'ai eu la chance d'avoir des conditions favorables pour changer de régime. En effet, je vivais en Irlande lorsque je suis devenue végane. Jamais je n'ai douté avoir une option pour moi sur la carte de n'importe quel restaurant où je mettais les pieds. En Écosse, même son de cloche. Édimbourg venait d'être élue meilleure ville européenne pour être végane quand je m'y suis installée pour mon master. Mais depuis mon retour en France, ma vie de végane s'est considérablement compliquée. Notre tradition culinaire, constitutive de notre identité nationale, est fondée sur les produits d'origine animale. Je me suis heurtée à beaucoup plus d'hostilité et de levées d'yeux au ciel dans mon pays natal que dans mes pays d'adoption.

La bouffe, en France, c'est sacré.

Et pourtant, l'exploitation animale intensive est l'une des catastrophes morales et environnementales les plus pressantes à résoudre. Dans ce chapitre, je me concentre sur son aspect philosophique. Cependant, les dégâts environnementaux causés par l'élevage intensif sont une autre raison de s'alarmer au sujet de ce mode de production[1].

Avant de m'aventurer dans l'argumentaire, je dois accepter deux prémisses, c'est-à-dire deux hypothèses qui me serviront à le construire.

Premièrement, les animaux d'élevage (cochons, poulets, moutons, lapins, vaches, veaux, bœufs, poissons, etc.) ressentent la douleur[2].

Deuxièmement, il est possible pour un·e adulte d'avoir une alimentation saine en mangeant peu, voire pas du tout, de produits d'origine animale[3].

Je ne démontrerai pas ces prémisses, car je ne suis ni neurobiologiste ni nutritionniste, et j'aimerais que

---

1. Le sixième rapport du Giec (groupe d'experts intergouvernemental sur l'évolution du climat), publié en 2023, montre par exemple que l'élevage intensif est une source importante de gaz à effet de serre. Source : IPCC, « Summary for Policymakers », *in* C. Writing Team, H. Lee, J. Romero (dir.), *Climate Change 2023 : Synthesis Report*, Genève, IPCC, 2023, p. 1-34.

2. G. Lopez, « Animals Can Feel Pain : A Biologist Explains How We Know », *Vox*, 2017 ; L. Langley, « The Surprisingly Humanlike Ways Animals Feel Pain », *National Geographic*, 2016 ; National Research Council (US) Committee on Recognition and Alleviation of Pain in Laboratory Animals, « Recognition and Alleviation of Pain in Laboratory Animals », *National Academies Press*, 2009.

3. M. Vesanto, C. Winston, S. Levin, « Position of the Academy of Nutrition and Dietetics : Vegetarian Diets », *Journal of the Academy of Nutrition and Dietetics*, 116/12, 2016, p. 1970-1980 ; M. Vaudano, « Non, il n'est pas indispensable de manger de la viande pour être en bonne santé », *Le Monde*, 27 février 2021.

ce chapitre ne se transforme pas en livre à lui tout seul. Néanmoins, ce sont des hypothèses largement tenues pour vraies. Si quelques sceptiques souhaitent les remettre en question, je les invite à consulter les sources en note de bas de page, et à expliquer pourquoi la loi punit la cruauté animale dans de nombreux pays, et pourquoi les régimes végétariens et véganes gagnent chaque année en popularité[1].

Armée de ces deux prémisses, je peux présenter les courants philosophiques qui sous-tendaient le cours de ma professeure : le spécisme, et son mouvement contraire, l'antispécisme.

Le spécisme est un ensemble de préjugés et d'attitudes biaisées en faveur des intérêts de sa propre espèce. En d'autres termes, il s'agit d'une discrimination semblable à celles du sexisme et du racisme, mais dirigée vers les êtres vivants qui n'appartiennent pas à notre espèce. Quand on est spéciste, on considère que les intérêts de notre espèce ont plus de valeur que les intérêts des autres espèces. L'antispécisme, en contrepoint, défend l'idée que l'appartenance à une certaine espèce n'est pas un critère pertinent pour évaluer si les intérêts d'un être vivant ont de la valeur. Par conséquent, l'intérêt d'une poule ne vaut pas automatiquement moins que l'intérêt d'un être humain, juste parce que c'est une poule.

1. A. Andrew, « From Fringe to Mainstream : How Millions Got a Taste for Going Vegan », *The Guardian*, 10 octobre 2021.

Notez mon choix de vocabulaire. Je parle d'intérêt des espèces, non de droits. Le droit est encore un autre concept en philosophie, et déterminer si les animaux ont des droits, et si oui lesquels, est l'objet d'un vaste champ de recherches. Parler d'intérêt permet de rendre clairement absurdes un tas d'objections malveillantes, telles que : « Alors comme ça, tu veux donner le droit de vote aux poules ? » Non, cher ami carniste qui me tient la jambe depuis vingt minutes. Quel intérêt aurait une poule à voter ? Considérer les intérêts des poules au même titre que les intérêts des êtres humains ne signifie pas traiter les poules et les êtres humains de la même manière. Cette idée est inhérente au mot « intérêt ». Elle se traduit très bien dans notre usage quotidien du mot. Si votre amie vous tanne pour réviser le bac de physique-chimie alors que vous êtes en HLP (spécialité humanités, littérature, et philosophie), vous vous diriez : « Quel intérêt ? » Vous, personnellement, n'en tirerez rien. Votre intérêt se situe dans ce qui vous bénéficie à vous, c'est-à-dire réviser la philosophie (vous êtes au bon endroit). À intérêts différents, traitements différents. Pour autant, ce n'est pas parce que l'intérêt de votre amie diffère du vôtre que vous considéreriez qu'il a moins de valeur.

Pensez maintenant aux intérêts d'une poule. Qu'est-ce qui est bien, pour une poule ? Qu'est-ce qu'elle a intérêt à faire ? Si vous n'y arrivez pas, pensez aux intérêts d'un chien, une espèce qu'on fréquente davantage. Vous pourriez lister les intérêts suivants :

– être bien nourri ;
– avoir de l'exercice régulier ;
– dormir à l'abri des températures extérieures ;
– être en bonne santé.

Cette liste pourrait s'étendre sur plusieurs pages. En revanche, cela ne vous viendrait pas à l'idée d'ajouter « voter aux présidentielles » ou « s'accomplir professionnellement ». Ce serait faire correspondre les intérêts de notre espèce à une autre. On a généralement conscience de ce dont un chien a besoin pour mener une vie épanouie. On connaît généralement moins les intérêts des animaux d'élevage, tels que les poules, les cochons ou les vaches. Pourtant, les intérêts listés ci-avant s'appliquent également à eux. Et d'ailleurs, ils s'appliquent aussi à nous.

Nous partageons un grand nombre d'intérêts avec les autres espèces animales pour une raison simple que nous avons tendance à oublier : nous sommes des animaux. Nos abus de langage quotidiens, qui font une distinction stricte entre « être humain » et « animal », creusent un fossé dans notre esprit entre l'espèce humaine et le reste des êtres vivants. Redonner une place juste à l'humain dans la Nature en général est l'un des enjeux majeurs de la lutte contre le réchauffement climatique, et dans celle contre l'exploitation animale abusive.

Revenons à nos moutons (ou à nos animaux d'élevage en général). La notion d'intérêt est cruciale pour comprendre les fondements de l'antispécisme, et éviter les dérives du style : « Mettons des urnes dans les poulaillers. » Tous ceux qui sont listés plus haut, qui s'appliquent à la plupart des mammifères, prennent racine dans un seul intérêt : ne pas souffrir. On veut s'abriter pour dormir afin de se protéger des dangers extérieurs. On veut être en bonne santé afin de ne pas avoir mal. On veut être bien nourri afin de ne pas avoir faim.

À partir du moment où un être vivant est capable de ressentir de la douleur, cet être vivant à un intérêt à ne pas la ressentir.

La douleur, ça craint autant pour vous que pour une poule. Cela n'a rien à voir avec le fait de pouvoir voter ou voler (certes, les poules ne volent pas beaucoup mais elles volent toujours mieux que nous, je vous le rappelle). Qu'importe ce qu'un être vivant est capable de faire ou de ne pas faire. S'il peut ressentir la douleur, alors il mérite qu'on considère, au minimum, son intérêt à ne pas souffrir.

Dans un texte remarquablement moderne datant de 1789, le philosophe Jeremy Bentham pose cette limite comme étant le seuil de considération morale pour tout être vivant. Il écrit : « La question n'est pas : Peuvent-ils raisonner ? ni : Peuvent-ils parler ? mais : Peuvent-ils souffrir ? » Voilà comment on détermine si un être vivant a des intérêts. Un caillou ne peut pas souffrir, donc il n'a pas d'intérêts. Une poule peut souffrir, donc elle en a, tout comme nous.

L'antispécisme se fonde sur l'idée que puisque les animaux d'élevage et les êtres humains ont un intérêt similaire à ne pas souffrir, nous devons traiter ces intérêts similaires d'une manière similaire.

Or ce n'est absolument pas ce qu'il se passe.

Nous n'envisagerions jamais de faire souffrir des êtres humains comme nous faisons souffrir les autres animaux.

La philosophie a son propre *star-system*, et l'une de ses étoiles s'appelle Peter Singer. Ce philosophe australien est notamment connu pour son engagement antispéciste. En 1975 (bien avant qu'être végé ou végane soit cool), il publie la première édition de *La Libération animale*. En presque cinquante ans, l'ouvrage n'a jamais cessé d'être réimprimé, et a été réédité six fois, l'édition la plus récente datant de 2023. Singer y mêle informations factuelles et arguments philosophiques pour démontrer que notre traitement des autres espèces animales constitue une faillite morale monumentale. Il expose les pratiques courantes des deux plus larges sources d'exploitation animale : l'expérimentation (militaire, médicale, cosmétique ou autre), et l'élevage à des fins alimentaires, sur lequel je me concentre ici.

Nous élevons en masse des êtres vivants qui ont le même intérêt que nous à ne pas souffrir. Nous leur imposons une existence misérable dans le seul but de garantir à notre espèce un approvisionnement constant en viande et autres produits d'origine animale. Tous·tes les habitant·es des pays développés peuvent se passer de cette abondance, voire des produits d'origine animale en général. Nous n'en avons pas besoin pour bien nous nourrir. L'élevage intensif continue d'exister principalement pour notre plaisir gustatif.

Pour se rendre compte de l'absurdité de cette pratique, utilisons l'un des outils les plus efficaces de la philosophie : les expériences de pensée. Il s'agit de minifictions qu'inventent les philosophes afin de tester un argument, vérifier une intuition, ou bien transposer une situation vers une autre et vérifier si nos conclusions changent en cours de route. Celle que je vais vous raconter a été imaginée par Alastair Norcross[1]. Ma professeure de philosophie nous l'a présentée afin de nous permettre de continuer notre réflexion sur le spécisme. Elle s'intitule « Le sous-sol de Fred ».

Imaginez l'histoire de Fred qui, un jour, reçoit la visite de la police. Les voisins ont appelé les officiers car ils s'inquiètent des bruits étranges qui proviennent du sous-sol de Fred. Quand les policiers pénètrent dans le sous-sol, voici ce qu'ils découvrent : une trentaine de cages en métal, chacune contenant un chiot. Certains gémissent, d'autres hurlent. Les chiots sont âgés de quelques jours pour les plus jeunes, six mois pour les plus âgés. La plupart d'entre eux ont été mutilés. Le sol de leurs cages et celui de la pièce sont tapissés d'urine et d'excréments. Fred explique qu'il garde les chiots pendant vingt-six semaines, puis

1. A. Norcross, « Puppies, Pigs, and People : Eating Meat and Marginal Cases », *Philosophical Perspectives*, 18/1, 2004, p. 229-245.

les abat en les tenant par les pattes arrière, la tête en bas. Pendant la courte vie de ces chiots, il les mutile, découpant leur museau et leurs pattes avec un couteau brûlant, sans aucune forme d'anesthésie. À part pour les mutilations, les chiots ne sortent pas de leurs cages minuscules, qui peuvent à peine contenir les plus âgés. Les policiers sont horrifiés. Ils arrêtent Fred pour maltraitance animale.

Lors de son procès, Fred explique son comportement. Selon lui, il n'a rien à se reprocher, et ne mérite aucune sanction. Voyez-vous, il est un grand amateur de chocolat. Quelques années plus tôt, un accident de voiture lui a causé un traumatisme crânien. Une conséquence mystérieuse de ce choc a été la disparition du goût du chocolat. Son cerveau n'était plus capable de le reconnaître dans sa mousse au chocolat préférée, qui était devenue insipide. Une neurologue gustative de renom, la docteure G. Papilles, lui a révélé que l'accident avait endommagé de manière irréversible sa glande godiva, qui sécrète la cocoamone, l'hormone responsable de l'expérience du chocolat. Fred a demandé une thérapie de remplacement d'hormones en urgence. Malheureusement, la docteure Papilles l'a informé que ce champ de la médecine était encore très méconnu, et qu'il n'existait pas de solution testée et approuvée pour réparer la glande godiva. Cependant, une nouvelle découverte venait de tout bouleverser. Un vétérinaire travaillant pour la police scientifique avait découvert, en pratiquant des autopsies sur des chiots sévèrement maltraités, des concentrations élevées de cocoamone dans leur cerveau. Il s'avère que les chiots, qui ne produisent d'ordinaire pas de cocoamone, pouvaient être poussés à le faire par de longues périodes de stress et de souffrance.

Cependant, aucun acteur sur le marché ne proposait de cocoamone dérivé de souffrances de chiots – par peur d'antagoniser les organisations pour le bien-être animal, sans doute. Fred implore la cour d'imaginer son angoisse, lui qui découvre qu'une solution à son problème existe, mais qu'elle n'est pas facilement disponible. Il était hors de question qu'il reste planté là, à se lamenter sur son sort. Il a fait ce que n'importe quel amateur de chocolat aurait fait. Il a lu les rapports de recherches, et a installé son propre laboratoire de cocoamone dans son sous-sol.

Fred explique qu'il n'est pas un sadiste ou une personne qui déteste les animaux. S'il existait une méthode pour collecter la cocoamone qui n'incluait pas de torturer des chiots, il l'appliquerait volontiers. La torture en elle-même ne lui procure aucun plaisir. Il compatit avec les personnes qui sont horrifiées par la douleur et la misère des animaux, mais la cour doit comprendre que le plaisir humain est en jeu. Les chiots, certes mignons, ne sont que de vulgaires animaux. Il reconnaît que sa santé serait tout aussi bonne, voire meilleure, sans chocolat. Mais ce n'est pas une question de survie ou de santé. Sa vie serait appauvrie sans l'expérience du chocolat. Et cela, c'est intolérable.

Avec cette expérience de pensée, Alastair Norcross souhaite provoquer une réaction claire : nous sommes tous et toutes (j'ose espérer) horrifié·es par le comportement de Fred. Il est regrettable qu'il ne puisse plus profiter du goût du chocolat, mais c'est une justification largement insuffisante pour torturer des chiots. Aucune personne décente n'envisagerait de martyriser des animaux pour rehausser une expérience gustative.

Cependant, des milliards d'animaux endurent des souffrances intenses chaque année dans ce but précis. La fiction aide à se représenter les choses, à ressentir ce que nous avons besoin de ressentir, quand nous craignons d'affronter la réalité. Si vous trouvez que le traitement que Fred inflige à ces chiots est abominable, laissez-moi vous assurer que le traitement que nous faisons subir aux animaux d'élevage intensif est bien pire.

Les poules vivent dans leurs excréments, dans un air rendu toxique par les effluves d'ammoniac qui se dégagent des fientes qui n'ont pas été nettoyées depuis des années. Elles sont incapables de s'allonger confortablement, si bien que leurs articulations, à peine capables de supporter leur poids démesuré, leur font mal. Des recherches menées dans l'université de l'Arkansas ont montré que si les bébés humains grossissaient au même rythme que les poulets d'élevage intensif, ils pèseraient 300 kg au bout de deux mois[1].

Les cochons sont des êtres intelligents et sensibles, capables de raisonner à la même hauteur que les dauphins ou les singes, et avec une structure sociale similaire à celle des éléphants[2]. Satisfaire leurs intérêts requiert donc des mesures différentes que pour les poules. Pour ne pas souffrir, les cochons ont besoin d'autre chose que le confort physique et l'évitement de la douleur. Ils ont besoin de stimulation. Sinon, ils souffrent d'ennui. Les cochons d'élevage intensif ne peuvent satisfaire aucun de leurs besoins naturels, comme celui de construire des nids, des toilettes, ou de s'occuper de leurs petits. Ils n'ont rien d'autre à faire que manger, dormir, se tenir debout, et s'allonger, dans un enclos plein à craquer. Par conséquent, ils deviennent agressifs. Ils se mordent la queue des uns et des autres. Pour éviter qu'ils développent ce « vice », les éleveurs coupent la queue des porcelets, à vif. En France, cette pratique a été interdite en 2003, mais la loi a continué d'être ignorée jusqu'en 2022[3].

Les vaches que l'on conduit à l'abattoir sont censées être étourdies ou anesthésiées avant d'être tuées, afin de ne pas ressentir la douleur. Mais la tyrannie du

1. P. Singer, *Animal Liberation Now*, New York, Harper Perennial, 2023, p. 117.

2. Eric Schlosser, tel qu'il est cité dans P. Singer, *ibid.*, p. 149.

3. « Historique : la justice condamne la coupe routinière des queues des cochons », Association L214, 6 avril 2022.

rendement intensif fait qu'il n'est parfois pas possible de s'assurer que la vache a été correctement assommée. Nombreuses sont celles qui se font découper vivantes[1].

Grâce à l'histoire de Fred, nous voyons que le spécisme ne s'applique pas qu'entre êtres humains et autres espèces animales. Nous sommes aussi spécistes dans notre traitement des différentes espèces autres que la nôtre. L'histoire de Fred, eût-elle été réelle, aurait indigné la planète entière. Nous l'aurions accusé, et à juste titre, d'être un odieux sadique. Cependant, il n'y a pas de raison légitime à être indigné·e par la souffrance d'un chiot, mais pas par la souffrance d'un porcelet. Cette différence de sensibilité est le résultat de notre spécisme ancré, mais elle est logiquement indéfendable.

Si nous pensons que ce que fait Fred est mal, alors nous devons penser que ce que nous faisons subir aux animaux d'élevage est mal. Les situations sont similaires, les conclusions doivent donc être similaires. Et si nous pensons que ce que nous faisons subir aux animaux d'élevage est mal, il est impératif que nous prenions conscience de l'échelle vertigineuse à laquelle nous les maltraitons.

Chaque année, dans le monde, environ 83 milliards d'animaux d'élevage terrestres sont abattus pour notre consommation alimentaire. À cela, il faut ajouter les poissons et crustacés, issus d'élevage et sauvages. Les nombres restent incertains, mais il ne fait aucun doute

1. P. Singer, *Animal Liberation Now*, *op. cit.*, p. 170.

qu'ils dépassent largement ceux des animaux terrestres. Une estimation moyenne se situe à 90 milliards pour les poissons et crustacés issus d'élevages, et 1 560 milliards pour les sauvages. Leur total est donc de 1 650 milliards[1].

Prendre conscience de l'échelle d'un milliard est un défi. Nous sommes peu habitué·es à nous représenter ce que ce nombre – 1 000 000 000 – signifie, que ce soit en termes de richesse ou en termes d'animaux morts. Essayons d'imaginer. Si nous devions compter jusqu'à 1 milliard sans faire de pause, et en nous accordant 3 secondes par nombre (ce qui n'est pas beaucoup – combien de temps est-ce qu'il vous faut pour dire « 467 051 372 » à vous ?), cela nous prendrait 95 ans. L'entièreté d'une longue vie humaine pourrait être dédiée à compter jusqu'à 1 milliard. Si nous devions compter le nombre de cadavres que nous amassons *chaque année* pour la production alimentaire, il nous faudrait donc 7 885 ans pour les animaux terrestres, et presque 157 000 ans pour les poissons et crustacés. Des pans d'histoire entiers pourraient être dédiés au décompte de nos massacres annuels.

Ajoutons à cela les chiffres de gaspillage alimentaire dans le monde, qui sont eux aussi alarmants. On estime qu'environ 1,3 milliard de tonnes de nourriture sont gâchées chaque année, soit un tiers de la quantité

1. Ces estimations sont issues de la revue scientifique en ligne *Our World in Data*, consultée en décembre 2023.

totale de nourriture produite[1]. Des millions d'animaux sont donc torturés et tués *pour rien*.

Les nombres étant astronomiques, si nous considérons que chaque tort causé à chacun des animaux élevés en batterie est un mal, alors la somme des souffrances causées par l'élevage intensif constitue une catastrophe morale plus grande que toutes les guerres de l'histoire de l'humanité réunies.

La reconnaissance de cette catastrophe se heurte à trois difficultés majeures : nos habitudes culinaires, qui impliquent d'avoir des produits d'origine animale constamment disponibles ; l'ignorance des pratiques de l'élevage intensif, ou du moins une connaissance partielle, insuffisante pour prendre la pleine mesure de leur cruauté ; et notre spécisme profondément ancré. Comme toujours lorsqu'il s'agit de changer les mentalités, la fiction a un rôle à jouer.

Combattre le spécisme, cela suppose de travailler nos imaginaires, de s'ouvrir à la possibilité d'un monde où la souffrance des poules et des cochons importe autant que celle des chiens et des chevaux, et que leurs souffrances importent autant que les nôtres. Enfin, cela suppose de recalibrer nos sociétés. Quel statut donner aux animaux non humains dans un monde antispéciste ?

---

1. « Le gaspillage alimentaire dans le monde : faits et chiffres », *Statista Research Department*, 2023, https://fr.statista.com/themes/10131/le-gaspillage-alimentaire-dans-le-monde/#topicOverview/World ; « 5 Facts about Food Waste and Hunger », *World Food Program*, 2020, www.wfp.org/stories/5-facts-about-food-waste-and-hunger.

Comment cohabiter avec les espèces que nous avons l'habitude de mépriser et de tuer sans vergogne quand elles nous importunent ? En tant qu'autrice de fiction, je trouve que ces questions renferment des histoires potentielles à n'en plus finir.

Les films mettant en scène des animaux non humains anthropomorphisés, c'est-à-dire à qui on a donné des caractéristiques humaines (langage, émotions, expressions du visage), sont légion. Cependant, *Chicken Run* est l'un des rares à mettre en scène des animaux d'élevage dans leur quotidien.

Ginger, une poule pondeuse rebelle, est bien décidée à ne pas passer sa vie dans la ferme de Mrs et M. Tweedy. Elle multiplie les tentatives de fuite, sans succès. Après chaque échec, elle rassemble les autres poules de la ferme et les invite à rêver à autre chose que cette existence. Passer leur vie à pondre pour finir plumée, farcie et rôtie, franchement, ça leur suffit ? Car le destin des poules pondeuses est clair : elles peuvent pondre merveilleusement toute leur vie, comme la championne de la ponte Bunty, mais dès que les œufs se tarissent, la mort les attend. Ginger est très affectée par celle d'Edwina, une poule qui ne pondait plus, qui survient au début du film. La scène est mémorable par son climat anxiogène. Mrs Tweedy saisit brutalement Edwina par le cou et l'emmène dans la grange. Là se trouvent une souche de bois et une hache. La décapitation d'Edwina n'est pas montrée, mais elle est fortement suggérée. La scène suivante montre la carcasse dépiautée d'Edwina à la table du dîner de la famille Tweedy.

Chicken Run a beau être un film d'animation pour tous les âges, il touche à certaines réalités des animaux d'élevage intensif. La vie d'Edwina, qui aurait pu être bien plus longue, est brusquement arrêtée parce qu'elle ne participe plus au rendement exigé par les êtres humains. La poule Babs manque un jour de se faire attraper par Mrs Tweedy car sa ponte est insuffisante. Elle échappe à la décapitation *in extremis* et, sous le choc, manque de s'évanouir. Elle a vu sa vie défiler devant ses yeux… et c'était très ennuyeux. Heureusement pour Babs, elle n'était pas en plus remplie de souffrance comme celle des poules d'élevage intensif. M. et Mrs Tweedy n'ont que mépris pour leurs bêtes et ne considèrent pas l'idée qu'il puisse y avoir derrière ces êtres vivants plus qu'une manière de faire du profit (M. Tweedy a bien l'intuition qu'il se trame quelque chose au milieu des poulaillers mais il se persuade que tout cela est dans sa tête). La tyrannie du rendement est d'ailleurs au cœur de l'intrigue du film, puisque Mrs Tweedy, ne supportant plus que les revenus de sa ferme soient si faibles, décide de transformer son exploitation. Finies les poules pondeuses et les récoltes à la main, la fermière investit dans une immense machine automatisée qui transforme en tourtes des poulets encore vivants. Afin de les engraisser, Mrs Tweedy augmente les rations de nourriture, qui atteignent des proportions démesurées. Seuls les mots de Ginger permettent aux autres poules de la ferme de se rendre compte que cette abondance n'est pas dans leur intérêt.

Chicken Run est remarquable en ce qu'il montre, d'une manière certes édulcorée afin que le film reste accessible au moins de 16 ans, le quotidien d'animaux d'élevage. Le film nous rappelle que les bêtes que nous exploitons mènent des vies misérables, et qu'elles méritent notre empathie. Il reflète également les dégâts causés par le désir d'un rendement toujours plus haut, au détriment du bien-être animal. Les tourtes au poulet de Mrs Tweedy n'arrivent jamais sur le marché, fort heureusement, car Ginger détruit la monstruosité automatique lors de son énième tentative de fuite, qui s'avère la bonne.

Cependant, il est intéressant de se demander ce qu'il se serait passé si les tourtes au poulet de Mrs Tweedy avaient pu être commercialisées. Auraient-elles trouvé des clients, sachant qu'elles sont faites dans des circonstances abominables ? La réponse serait certainement « oui ». Car si plusieurs films s'attachent à mettre à l'honneur des animaux déconsidérés (poules, rats, renards…), le changement de régime alimentaire n'est quasiment jamais abordé.

Cet angle mort est flagrant dans ce qui est peut-être l'histoire la plus célèbre de réconciliation entre deux espèces : *La Petite Sirène*.

Dans ce classique de Disney, réadapté avec de nouvelles chansons et de nouvelles paroles en 2023, Ariel est une sirène fascinée par le monde à la surface. Elle veut tout savoir sur les êtres humains, leurs coutumes et leur manière de vivre. Cette fascination n'est pas bien vue par le reste de la communauté sous-marine. L'une des raisons principales de cette réticence est la tendance des êtres humains à manger des poissons et des crustacés… c'est-à-dire à les manger, eux. Sebastian, le crabe-conseiller de son père, lui décrit ce qu'il advient des créatures marines à la surface. Elles sont enfermées, cuisinées, dévorées.

Malgré ces mises en garde, Ariel conclut un marché avec la sorcière des mers, et échange sa voix contre une paire de jambes qui lui permet d'aller vivre sur terre. Dans le *remake* de 2023, Ariel chante sa découverte de la terre ferme dans une chanson intitulée « La première fois ». Les villageois s'affairent devant elle, des dizaines de poissons, crabes, et crevettes morts à la main. Ariel prend peur. N'est-elle qu'un poisson, un repas ? N'est-elle qu'une proie pour ce monde qu'elle rêvait d'explorer ?

Dans la version animée de 1989, Ariel partage un repas avec Éric et son confident, Grimsby. Au menu, estouffade de crabe. Sebastian est le premier à connaître le menu du jour, car il se cache dans les cuisines dans l'espoir d'approcher Ariel. Il assiste à la préparation de la recette par le chef du château. La décapitation et le dépouillage des poissons morts l'horrifient jusqu'à le rendre malade. Le chef le capture et veut l'ajouter au menu. Sebastian manque de se faire ébouillanter vivant.

Il en réchappe sur le fil du rasoir. Tandis qu'Éric propose à Ariel de faire un tour du royaume avec lui le lendemain, l'image d'un crustacé farci qui n'a pas été si chanceux est bien visible à l'écran, et la présentation soignée tranche avec les scènes d'horreur qui se sont jouées en cuisine.

L'habitude qu'ont les êtres humains de manger les semblables d'Ariel et de Sebastian est un thème récurrent de *La Petite Sirène*. Ce conte, tel qu'il a été réimaginé par Disney, invite à l'ouverture d'esprit, à se tourner vers d'autres êtres vivants, et à les considérer comme des alliés, pas comme des brutes ou des choses insignifiantes. Dans la version de 2023, le royaume terrestre du prince Éric et le royaume maritime d'Ariel forgent une alliance après des siècles de méfiance l'un envers l'autre, grâce au pont que l'amour entre la sirène et l'homme a su créer. Cependant, un changement de régime alimentaire chez les êtres humains n'est jamais abordé. Ariel et Éric se marient, partent explorer le monde ensemble, et personne ne mentionne le fait qu'Éric a l'habitude de manger les congénères de son épouse.

Le changement de régime alimentaire est un thème peu exploré en fiction. Pourtant, c'est la conséquence logique du raisonnement antispéciste, du moins dans une société où l'immense majorité des produits d'origine animale proviennent de l'élevage intensif. J'espère que les auteur·trices et scénaristes des prochaines années s'en empareront pour nous offrir des histoires mémorables qui nous aideront à penser.

Jusqu'à présent, nous avons exploré des récits qui présentent des espèces animales anthropomorphisées, avec lesquelles il est donc facile d'entrer en empathie. Un autre défi à relever consiste à susciter de la sympathie et de l'engouement pour un animal en tant que tel. Pour le cinéma en prises de vues réelles, ce défi pourrait s'avérer impossible à relever. Un tournage est très stressant pour l'animal concerné, et il est parfois difficile de s'accommoder des contraintes que requiert son bien-être. Cependant, le cinéma d'animation est plus libre. L'ensemble de la trilogie *Dragons* des studios DreamWorks présente deux caractéristiques utiles pour nourrir notre sensibilité antispéciste. Premièrement, les dragons ne sont pas, ou peu, anthropomorphisés. L'attachement qu'on développe envers eux n'est pas dû à leurs caractéristiques humaines. Deuxièmement, elle s'interroge sur l'apparence que pourrait revêtir une société antispéciste. Comment réaménager l'espace public afin d'accueillir les animaux que nous avions l'habitude de chasser ?

Harold habite à Beurk, un village viking parasité par les dragons. Ces derniers viennent régulièrement piller le bétail, enflammer la verdure, détruire les bâtiments. Les habitant·es et les cracheurs de feu se livrent une guerre incessante depuis sept générations. À Beurk, l'honneur se mesure au nombre de dragons que l'on a tués. Harold, inventeur brillant mais piètre guerrier, rêve d'en achever un à son tour, afin de rendre fier son père, le chef du village. Un soir, alors que les dragons attaquent, Harold parvient à en toucher un avec un canon de son invention. Il traque sa proie et la retrouve en pleine forêt, empêtrée dans le filet qu'avait déployé son projectile. Ce n'est pas n'importe quel dragon… c'est une Furie Nocturne, la race la plus élusive et dangereuse que Beurk ait connue. S'il rapporte son corps au village, il sera considéré comme un héros. Harold sort son couteau, les mains tremblantes. La Furie Nocturne est blessée. La moitié de sa queue est manquante. Le jeune garçon prend son courage à deux mains… et ne parvient pas à se résoudre à la tuer. Dans ses yeux, il voit la même terreur qu'il ressent. Harold libère la Furie Nocturne de ses liens et la laisse se sauver.

Quelques jours plus tard, il la retrouve prisonnière d'une cavité naturelle dont elle ne peut pas s'échapper. Avec sa queue mutilée, elle ne peut plus voler. Harold se sent responsable de ce qui lui arrive et entreprend de l'aider. Humain et dragon s'apprivoisent, apprennent à se connaître, jusqu'à ce que la Furie Nocturne, baptisée Krokmou, accepte de laisser Harold lui attacher sa dernière invention au bout de la queue. Il s'agit d'une reproduction de sa partie manquante. Cependant, le modèle est trop instable, et a besoin d'être contrôlé afin que Krokmou puisse voler. Harold construit donc un harnachement qui lui permet de maîtriser la partie artificielle de la queue du dragon. Après une longue période d'acclimatation, Harold et Krokmou volent ensemble pour la première fois.

Grâce à la nouvelle connaissance des dragons qu'il acquiert à travers son amitié avec Krokmou, Harold est capable de montrer aux villageois que, depuis sept générations, ils ont échoué à les comprendre. Tout ce qu'ils savent sur eux est faux. Les dragons ne sont pas des meurtriers bons à tuer, ou à exploiter pour les entraînements des futurs guerriers et guerrières de Beurk. Ils ne pillaient même pas le village pour eux. Il s'avère que les dragons sont soumis à la tyrannie d'un alpha monstrueux, à qui ils doivent apporter des tonnes de nourriture sous peine de se faire tuer. Harold, Krokmou, et quelques guerriers de Beurk qui ont été suffisamment ouverts d'esprit pour écouter celui qui a construit un pont entre les deux espèces, combattent le dragon alpha et libèrent les autres de son emprise. Sous l'influence d'Harold, Beurk devient un refuge pour les dragons, et une cohabitation fondée sur la coopération s'installe. Harold n'est cependant pas sorti indemne de cette bataille. Il y a perdu une jambe. La partie artificielle de la queue de Krokmou, il la maîtrise à présent avec une prothèse.

Dans le premier volet de cette trilogie, l'équilibre de la relation entre Harold et Krokmou est remarquable. C'est du donnant-donnant. Harold chevauche Krokmou, grâce à quoi Krokmou vole de nouveau. L'humain sauve la vie du dragon, le dragon sauve la sienne. Les villageois aident les cracheurs de feu à se défaire de leur alpha tyrannique, ainsi ils ne pillent plus le village. La blessure qu'Harold avait infligée à Krokmou au début du film, il la récupère à la fin : leur membre manquant scelle leur complicité. Les intérêts des êtres humains et ceux des dragons sont mis sur un pied d'égalité. Cela se confirme tout au long de la saga, car celle-ci s'achève par la séparation entre les habitant·es de Beurk et leurs dragons. Le village n'est plus un lieu sûr pour eux. Malgré les services qu'ils leur rendent, malgré l'utilité qu'ils en ont, les habitant·es laissent leurs dragons s'envoler vers un endroit plus sûr. Harold dit au revoir à son ami, car son intérêt à le garder près de lui ne vaut pas plus que l'intérêt de Krokmou à vivre avec les siens et les siennes. Qu'importe qu'il soit un être humain et Krokmou, un dragon. Leur différence d'espèce ne signifie pas que leurs intérêts doivent être considérés différemment.

Bien sûr, j'ai pleuré.

Enfin, l'évolution du village de Beurk après l'arrivée des dragons est source d'inspiration pour une société antispéciste. Les habitant·es construisent des tours pour accueillir leurs nouveaux résidents, réaménagent l'espace, et vont même, dans le troisième volet, jusqu'à déguiser leurs moutons en dragons afin qu'ils évitent de se faire dévorer.

Le spécisme est l'un de nos biais les plus enracinés et les moins remis en question. Cependant, si nous tenons à construire une société plus clémente envers les êtres vivants qui peuplent la Terre avec nous, il est crucial nous nous attelions à le combattre. C'est le rôle de la philosophie de mettre en lumière des impensés, de poser des questions jamais posées, et de donner les arguments nécessaires à la prise en compte d'un problème. La philosophie mène à la réflexion. La réflexion mène à l'engagement. Celui pour le bien-être des animaux non humains a été le premier des miens.

6

Nos regards et nos aveuglements Michael Scott, Frantz Fanon, et *When They See Us*

En écoutant mes autrices préférées parler de leur travail, j'ai compris quelque chose qui ne m'était jamais venu à l'esprit. Tomi Adeyemi, Africaine-Américaine originaire du Nigeria, et Sabaa Tahir, Pakistano-Américaine et musulmane, racontaient leurs difficultés à trouver des personnages qui leur ressemblaient dans les histoires qu'elles ont chéries en grandissant. Parmi les trois grandes sagas de notre génération – *Star Wars*, *Le Seigneur des anneaux* et *Harry Potter* –, aucune ne présente de personnages noirs ou asiatiques ayant un rôle central, si elle en présente même un – *Le Seigneur des anneaux* ne compte que des personnages blancs, tout comme *Le Monde de Narnia*. En tant que Blanche, blonde aux yeux bleus de surcroît, je suis dans le cas inverse : les personnages me ressemblant pullulent dans nos imaginaires. L'importance de la représentation a été la première étape dans la reconnaissance de mon privilège, qui m'a permis de traverser mon enfance en lisant et regardant ce qui me tombait sous la main, sans jamais me demander où étaient les personnes qui me ressemblaient. Elles se trouvaient toujours au centre de l'histoire, bien visibles sous les projecteurs de l'intrigue, souvent soutenues et mises en valeur par des personnages secondaires noirs, hispaniques ou asiatiques qui, s'ils avaient notre affection, ne pouvaient recevoir que des miettes de notre attention.

En prenant conscience de ce déséquilibre, je me suis retrouvée pour la première fois dans une position où l'on mettait en lumière l'un des angles morts de ma connaissance du monde. Ces autrices m'ont comme tendu une pièce d'un puzzle que je croyais complet et dont je n'avais même pas remarqué l'absence. C'est là toute la perversité du privilège : inoubliable pour les personnes qui en sont dépourvues, invisible à celles qui en bénéficient.

L'assassinat de George Floyd le 25 mai 2020 par Derek Chauvin, un policier américain, a fini de m'ouvrir les yeux sur l'étendue de mon ignorance quant aux luttes antiracistes et à l'urgence de les soutenir. Il était plus que temps de travailler sur mes angles morts, d'apprendre à trouver seule les pièces manquantes du puzzle, sans qu'une personne ayant souffert de mon incomplétude ait à me les donner. Il était temps d'explorer les points aveugles de ma moralité.

La philosophie s'intéresse de près aux raisons pour lesquelles nous échouons à agir moralement. On en distingue en général trois : la malveillance, ou la ferme intention de faire le mal ; la faiblesse de volonté, ou l'incapacité à s'abstenir de faire le mal ; et l'ignorance, qui fait qu'on ne sait pas qu'on est en train de faire le mal. Cependant, travailler ses biais, qu'ils soient racistes, sexistes, validistes ou autre, attire notre attention sur une toute nouvelle manière de se gourer. On peut avoir les meilleures intentions du monde, associées à une volonté ferme de changer nos représentations, s'informer sur le domaine dans lequel nous souhaitons nous améliorer, et tout de même se rétamer, continuant de causer le mal que nous souhaitons éviter. Et tout cela, sans nous en rendre compte. Nous avons beau connaître les règles morales et être déterminé·es à les suivre, il nous arrive parfois de ne pas nous apercevoir que ces règles s'appliquent dans une situation. Nous échouons non seulement à faire le bien, mais aussi à reconnaître qu'il s'agit d'une situation avec un enjeu moral. Ce nouvel échec, les philosophes le nomment « aveuglement moral ».

L'un des exemples les plus parlants de cet art de se viander est incarné par le personnage principal de la série américaine *The Office* : Michael Scott. Ce dernier est une caricature de maladroit, ce qui est fort utile pour identifier les manières dont il se trompe… et ensuite pouvoir les retrouver chez nous. Grâce à ses curseurs comiques poussés au maximum, *The Office* nous montre d'une manière évidente ce qui est plus difficile à percevoir dans nos vies.

Michael est le manager régional d'une branche de l'entreprise de papier Dunder Mifflin. Le philosophe

J. Jeremy Wisnewski démontre comment il est un pro de l'aveuglement moral dans un chapitre de l'ouvrage *The Office and Philosophy : Scenes from the Unexamined Life*[1] (*The Office* et la philosophie. Scènes d'une vie sans examen). Le titre fait référence à une citation de Socrate : « Une vie sans examen ne vaut pas la peine d'être vécue. » Le manque d'examen, c'est précisément ce qui caractérise Michael Scott. Il a beau avoir une idée précise des valeurs qu'il veut encourager au sein de son équipe, comme la tolérance, la camaraderie ou l'égalité, il ne prend jamais un moment pour se demander si les méthodes qu'il emploie sont efficaces pour servir ces nobles objectifs. Ses remarques font de lui un professionnel de la vexation par inadvertance.

Wisnewski relève deux passages pour illustrer cet art scottien. Comme par hasard, ils sont chacun issus d'un épisode traitant des biais racistes et sexistes que Michael se targue de ne pas avoir : d'abord, il y a « Diversity Day » (saison 1, épisode 2), suivi de « Sexual Harassment » (saison 2, épisode 2). Dans chacun d'entre eux, il nous démontre comment sa bonne volonté et son savoir sur ces sujets, certes limité mais suffisant pour les reconnaître comme importants, ne l'empêchent pas d'être à côté de la plaque.

Dans « Diversity Day », Michael partage avec son équipe sa vision de la diversité au travail. Il mène un séminaire qui donne lieu à un florilège de maladresses

1. Hoboken, Wiley-Blackwell, 2008 (non traduit en français).

gênantes, dont cet échange avec Oscar, un employé mexicano-américain :

> *MICHAEL : Let me ask you... is there a term besides Mexican that you prefer ? Something less offensive ?*
> *OSCAR : Mexican isn't offensive.*
> *MICHAEL : Well, it has certain connotations...*
> *OSCAR : Like what ?*
> *MICHAEL : Like... I don't... well, I don't know.*
> *OSCAR : [Getting irritated] What connotations, Michael ? There must have been something.*
> *MICHAEL : No, now remember...*
> *OSCAR : I'm just curious.*
> *MICHAEL : Honesty, empathy, respect.*
> MICHAEL : Dis-moi... est-ce qu'il y a un terme que tu préfères en dehors de « Mexicain » ? Quelque chose de moins blessant ?
> OSCAR : « Mexicain » n'est pas blessant.
> MICHAEL : Enfin, ça a certaines connotations...
> OSCAR : Comme quoi ?
> MICHAEL : Comme... je... enfin, je ne sais pas.
> OSCAR : [Irrité.] Quelles connotations, Michael ? Il doit bien y avoir un truc.
> MICHAEL : Non, souviens-toi...
> OSCAR : Je suis juste curieux.
> MICHAEL : Honnêteté, empathie, respect.

Comme le souligne Wisnewski, Michael montre bien qu'il a compris, au moins à un certain niveau, qu'il faut être attentif aux sujets de diversité. Il connaît les règles à respecter – il ne sait juste pas quoi en faire. Il professe les valeurs qu'il veut promouvoir (honnêteté, empathie, respect), tout en les transgressant une par une : il n'est pas honnête dans sa réponse à Oscar sur les connotations du mot « Mexicain », il n'entre pas en empathie avec lui pour se rendre compte de sa bêtise, et il lui manque de respect en méprisant l'une de ses nationalités. Même s'il reconnaît que la diversité et la tolérance sont des notions essentielles à la vie morale, ses angles morts l'amènent à perpétuer ce qu'il veut combattre. Le problème de Michael n'est pas tant l'ignorance. S'il devait passer un examen sur les règles morales, il serait certainement admis. Cependant, le savoir n'est pas tout ce qui importe dans la moralité – ce n'est même pas si important. Le plus important est notre rapport aux autres, le fait de leur répondre d'une manière appropriée. Ce savoir-être, aucune règle ne pourra nous le procurer.

Dans « Sexual Harassment », Todd Packer, un collègue et ami de Michael et un gros lourd qui se soucie d'offenser les autres autant qu'il se soucie de ses premières chaussettes, vient de raconter une anecdote sexiste et dégradante à propos de l'une des employées nommée Phyllis. Michael intervient pour la défendre et démontre l'étendue de son aveuglement moral dans une séquence typique de *The Office* :

> *MICHAEL : You know what ? I love Phyllis. And you know what else ? I think she is gorgeous. [Kneels down beside Phyllis, wrapping his arms around her] I think she is an incredibly, incredibly attractive person. [To Phyllis] Come here. Give me a kiss. C'mon. [Kisses Phyllis on the cheek]*
>
> *PHYLLIS : [Smiling and laughing] Michael, come on. You don't have to worry. I'm not... I'm not going to report you to HR.*
>
> *MICHAEL : I'm not worried ! You know what ? The only thing I'm worried about [...] is getting a boner. [Phyllis looks distraught]*
>
> MICHAEL : Vous savez quoi ? J'adore Phyllis. Et vous savez quoi d'autre ? Je la trouve magnifique. [Il s'agenouille à côté de Phyllis et l'enlace.] Je trouve que c'est une personne incroyablement, incroyablement belle. [À Phyllis.] Viens là. Fais-moi un bisou. Allez. [Il embrasse Phyllis sur la joue.]
>
> PHYLLIS : [Souriant et riant.] Michael, allez. T'inquiète pas. Je ne vais pas… je ne vais pas te signaler aux RH.
>
> MICHAEL : Je ne m'inquiète pas ! Vous savez quoi ? La seule chose qui m'inquiète […], c'est de bander. [Phyllis est décontenancée.]

Pour les fans de la série, la capacité de Michael à ne rien comprendre de ce qu'il se passe autour de lui relève du coup de génie comique. Les scénaristes ont réussi leur pari de rendre attachant un personnage bourré de défauts et gênant au possible. C'est un jeu d'équilibriste constant que de garder Michael suffisamment incapable moralement pour qu'il nous fasse rire – voire grimacer – par ses interventions insensibles, et suffisamment généreux et soucieux des autres pour qu'on ne mette jamais en doute le fait que ses intentions sont pures et son cœur, au bon endroit. Il est indéniable que Michael est perclus de biais racistes et sexistes, tout en étant soucieux de n'offenser personne. Il est également clair durant ces épisodes que Michael est désireux de prendre les sujets de la diversité et du harcèlement sexuel au sérieux, tout en étant incapable de voir comment il y contribue. C'est un drôle de mélange qui nous fait rire durant des saisons entières, tout en nous tendant un miroir que nous gagnerions à examiner (en plus, ça ferait plaisir à Socrate).

Nous sommes tous et toutes, d'une manière plus ou moins marquée, des Michael Scott. Nous avons tous et toutes déjà fait grincer des dents une personne que nous considérons et pour qui nous souhaitons le meilleur, sans nous en rendre compte. Si vous avez du mal à vous souvenir d'une situation où vous avez été un·e Michael Scott, c'est normal. À moins que quelqu'un ne vous l'ait montré et n'ait pris le temps et l'énergie nécessaires pour essayer de vous faire voir « où était le problème », il n'y avait rien à retenir pour vous. Vous n'avez relevé aucune anomalie morale car, selon vous, il n'y en avait pas.

Et si vous avez déjà eu affaire à un·e Michael Scott, si vous avez déjà pris votre courage à deux mains pour tenter de tourner le regard de cette personne vers ses angles morts, vous savez à quel point c'est difficile. Vous imaginez-vous expliquer à Michael Scott qu'il a eu une attitude inappropriée à l'égard d'Oscar et Phyllis alors qu'il se targue d'être un boss empathique et respectueux (et même le meilleur boss du monde) ? Moi oui, et ça m'épuise rien que d'y penser.

Nos aveuglements moraux se logent souvent dans nos convictions, puisqu'ils supposent d'être au courant de certaines règles et d'avoir envie de les respecter. C'est une expérience tout à fait déroutante d'écouter quelqu'un nous dire qu'on a agi immoralement sur un sujet qui nous tient à cœur mais qu'on est bien incapable de savoir où, quand et comment. On imagine sans peine Michael sur la défensive, et à moins d'être prêt·e à plonger dans l'inconfort de s'entendre dire qu'on a mal agi, on le sera sûrement aussi. Quand nos convictions, et donc notre intégrité, sont en jeu, nous avons du mal à ouvrir les yeux. L'ignorance a bon dos quand il s'agit de se dédouaner de nos immoralités. Il est autrement plus difficile d'admettre que nous avons essayé en pleine connaissance de cause, et échoué.

Si entendre ces retours est une tâche difficile, c'est la seule qui nous mette face à nos angles morts. La philosophie m'a appris que la recherche du juste l'emporte sur notre *ego* et nos convictions. Elle nous incite à toujours les remettre à plat, à les confronter à d'autres arguments qui pourraient les fragiliser afin de tester leur solidité. On ne cherche jamais à avoir raison, mais à découvrir la vérité, à se rapprocher de ce qui est le plus juste. Idéalement, la philosophie est une démarche coopérative, ce qui n'exclut pas les désaccords et les convictions qu'une idée est plus juste qu'une autre, mais qui vise à douter ensemble pour trouver la position la plus robuste. La découverte de nos angles morts fait donc partie de la démarche philosophique, aussi inconfortable qu'elle puisse être. Et pour arriver à les déceler, on ne peut se fier qu'aux personnes qui les voient et qui les subissent.

Écouter une personne racontant les discriminations et les préjugés qu'elle affronte devrait nous en apprendre autant sur son expérience que sur celles des discriminant·es et des préjugeant·es. Ce sont deux faces d'une même médaille. Lorsqu'on écoute le récit d'une personne subissant le regard d'autrui, il ne faut pas oublier *autrui*. C'est là que se loge le regard à interroger. Et lorsqu'on se retrouve dans cet autrui, comme je me retrouve dans le regard blanc que décrivent les personnes noires, je pense que nous avons le devoir de nous remettre en question, si nous sommes dévoué·es à la morale que nous soutenons.

Lorsque je lis l'essai de Frantz Fanon, philosophe français du XXe siècle, *Peau noire, masques blancs*[1], j'apprends autant sur la manière dont les Noir·es peuvent se sentir en présence de Blanc·hes que sur la manière dont les Blanc·hes perçoivent les Noir·es. Et en tant que Blanche n'ayant jamais subi de racisme,

1. Paris, Seuil, 1952.

je ne peux pas m'identifier aux expériences que décrit l'auteur, ni comprendre la phénoménologie d'être noir·e dans une société à majorité blanche et dont l'histoire est chargée d'horreurs envers cette communauté. Par « phénoménologie », je désigne l'étude philosophique des expériences qu'une conscience ressent, depuis les sensations qu'être au café avec ses ami·es nous procure jusqu'à l'étude de nos intentions. Ces témoignages me tendent en revanche des miroirs pour aller explorer les recoins de ma pensée qui me sont inaccessibles seule. Je m'efforce de les saisir et de m'en servir.

Dans cet ouvrage, Fanon décrit les effets de la colonisation sur l'expérience vécue des Noir·es comme des Blanc·hes, car l'un ne va pas sans l'autre. Son analyse se concentre sur le regard que portent les personnes dominantes sur les personnes dominées et les changements existentiels qu'il entraîne. Avant que les Blanc·hes n'investissent les sociétés noires, une personne noire n'avait jamais eu à « éprouver son être pour autrui ». En d'autres mots, une personne noire, sans le regard d'une personne blanche colonisatrice et asservissante, n'a pas à penser à sa couleur de peau. L'arrivée du regard blanc, ou *white gaze* en anglais, a créé pour les personnes noires « deux systèmes de référence par rapport auxquels il leur a fallu se situer ». Les Noir·es devaient soudainement se penser par rapport aux autres Noir·es, mais également par rapport aux Blanc·hes. Fanon, dans la veine sartrienne que nous avons explorée dans le chapitre sur les autres, écrit :

> Le Noir chez lui, au XXe siècle, ignore le moment où son infériorité passe par l'autre… […] Et puis il nous fut donné d'affronter le regard blanc. Une lourdeur inaccoutumée nous oppressa. Le véritable monde nous disputait notre part[1].

On retrouve ici l'idée de Sartre qui soutient que le regard d'autrui nous fige. C'est un miroir déformé que l'on nous tend, avec lequel on se découvre à travers le regard d'autrui. Lorsque je lis Fanon, en tant que Blanche, il n'y a qu'un côté de cette dichotomie auquel je puisse m'identifier. Je suis autrui qui tend le miroir. J'en apprends beaucoup sur l'expérience d'une personne noire vivant dans une société à domination blanche, cependant ce n'est pas une expérience que je peux comprendre. En revanche, je peux interroger le sentiment de supériorité blanc que décrit Fanon. Comment en suis-je l'héritière ? Comment ce regard que je pose malgré moi peut se traduire dans mes actes et mes paroles ?

Michael Scott nous a montré que nos aveuglements moraux peuvent se muer en commentaires déplacés. Ils peuvent aussi se retrouver dans des actes aux conséquences dévastatrices. Lorsque j'ai commencé mon

1. *Ibid.*, p. 89.

éducation sur les luttes antiracistes, la première histoire à me montrer les conséquences horrifiques du regard blanc se nomme, justement, *Dans leur regard (When They See Us*, de son titre original).

La série *Dans leur regard* traite de l'affaire de la joggeuse de Central Park ayant eu lieu en 1989 à New York, aux États-Unis. Elle retrace l'histoire de cinq adolescents (à l'époque surnommés The Central Park Five) âgés de 13 à 16 ans accusés à tort du viol et des blessures graves infligées à Trisha Meili, une jeune joggeuse blanche. Chacun d'entre eux a passé entre sept et treize ans en prison, jusqu'à ce qu'un violeur en série condamné à perpétuité pour de multiples crimes confesse avoir agressé Meili. Un test ADN confirme qu'il était seul – l'ADN retrouvé sur la scène du crime n'avait jusqu'à présent jamais été identifié, car il ne correspondait pas à celui des cinq accusés. La Cour suprême de New York reconnaît l'erreur judiciaire et acquitte Kevin Richardson, Antron McCray, Raymond Santana, Yusef Salaam, et Korey Wise en décembre 2002.

En racontant l'histoire de ces cinq garçons, *Dans leur regard* nous met face aux conséquences du refus d'examiner ses aveuglements moraux, particulièrement lorsqu'on est en position d'autorité. Les policiers et les médias traitant l'affaire exhibent leur racisme en plaquant sur de jeunes Noirs et Hispaniques des idées de barbarie et d'animalité afin d'obtenir ce qu'ils cherchent : des confessions. La première partie de la série montre comment une autorité blanche brusque, manipule et contraint les jeunes, retenus en interrogatoire sans supervision parentale pendant des dizaines d'heures, à mentir sur leur culpabilité et à s'accuser les uns les autres. La plupart ne se connaissent pas. Korey Wise, notamment, ne figure d'abord pas sur la liste des suspects. Les détectives finissent par l'interroger alors qu'il patiente dans la salle d'attente, ayant accompagné son ami Yusef au commissariat.

Ava DuVernay, la réalisatrice, fait ressortir les enjeux pour la police : épingler des coupables pour ce crime effroyable commis sur une jeune femme blanche, quitte à faire fi de la vérité. Le personnage menant l'investigation, Linda Fairstein (jouée par Felicity Huffman), en est la représentante majeure. Chargée des affaires de crimes sexuels à Manhattan, Fairstein est la première à qualifier les cinq jeunes d'« animaux » et à se féliciter de la manière dont l'enquête a été menée, qui a, selon elle, permis de rendre justice à la victime. Son aveuglement quant au caractère raciste de son investigation, naissant de sa conviction profonde qu'elle sert la cause noble de la protection des femmes, est si fort qu'il en est déroutant.

À la fin de la série, alors que la Cour suprême a déclaré que Kevin, Antron, Raymond, Yusef et Korey ont été victimes d'une erreur judiciaire, alors que la confession d'un criminel reconnu a été corroborée par des tests ADN conclusifs, Linda Fairstein continue de maintenir qu'elle et son équipe ont fait le bien. Face à une journaliste qui lui rappelle les multiples incohérences de l'affaire, sa perspective ne change pas. Elle apparaît, comme le décrit Fanon, enfermée dans sa blanchité, caractérisée par un complexe de supériorité par rapport aux personnes noires et hispaniques, qu'elle juge incapables de rationalité. Elle continue de leur inculquer savamment, ainsi que le formule Aimé Césaire dans une citation que Fanon a choisie pour ouvrir son livre *Peau noires, masques blancs*, « la peur, le complexe d'infériorité, le tremblement, l'agenouillement, le désespoir, le larbinisme », alors que les hommes dont elle a volé la jeunesse se sont eux-mêmes sortis de ce complexe d'infériorité en revenant sur leurs confessions, en clamant leur innocence, et en poursuivant la Cour suprême de New York en justice. L'idée de Fanon selon laquelle la colonisation a enfermé les Blanc·hes et les Noir·es dans certaines identités s'illustre de manière glaçante dans le personnage de Linda Fairstein.

Les titres, français comme anglais, *Dans leur regard* et *When They See Us*, attirent notre attention sur le caractère enfermant du regard d'autrui. Le titre anglais ajoute la notion d'attente dans laquelle se trouvent les personnes discriminées. Afin que cette injustice prenne fin, les personnes discriminantes doivent les voir telles qu'elles sont *elles*, et non telles qu'elles les perçoivent. Voir quelqu'un tel qu'il ou elle est réellement suppose d'abord de prendre conscience que nous posons un certain regard sur lui ou elle ; voir autrui clairement suppose de se voir soi-même clairement. Nous devons nous observer tendre le miroir avant de pouvoir le lâcher.

L'étude de personnages fictionnels se révèle très utile, voire essentielle, dans l'appréhension de nos aveuglements. Elle permet de s'investir dans l'analyse d'une personnalité qui ne nous touche pas, à propos d'une personne fictionnelle qui ne souffre pas de nos maladresses. Elle permet également de pratiquer un exercice qu'il est presque impossible de pratiquer sereinement sur soi-même : déterminer quel niveau de blâme assigner à la personne manifestant son aveuglement.

Les personnages de Michael Scott et Linda Fairstein sont-ils responsables de leurs aveuglements ? Le sont-ils de la même manière ? Pouvons-nous les blâmer de les avoir, ou bien pouvons-nous seulement blâmer leurs paroles et leurs actes découlant de ces aveuglements ?

Sur cette question, le jury délibère encore. Pour tracer des pistes de réflexion, je trouve utile de s'intéresser aux articles s'interrogeant sur le niveau de responsabilité à accorder aux personnes ayant des biais (sexistes, racistes, validistes, etc.). Les biais et l'aveuglement moral ne sont pas tout à fait les mêmes phénomènes, puisque les biais peuvent relever de l'ignorance totale d'une discrimination alors qu'un aveuglement suppose de connaître un minimum son sujet, mais ils sont suffisamment proches pour pouvoir interchanger leurs méthodes.

Comme le souligne la philosophe Jules Holroyd, la première étape pour déterminer si nous devrions nous tenir responsable de nos aveuglements est de se demander : responsable de *quoi*[1] ? Elle identifie trois possibilités. D'abord, nous pourrions être tenu·e responsable du simple fait d'avoir un angle mort moral. Ensuite, nous pourrions être tenu·e responsable d'être influencé·e par cet aveuglement (dans nos actes et/ou nos paroles). Enfin, nous pourrions être tenu·e responsable de notre réponse lorsque quelqu'un pointe notre aveuglement du doigt. Sommes-nous à l'écoute ? Essayons-nous de changer notre attitude, même si reconnaître une situation où se joue notre aveuglement est difficile ? Ou bien sommes-nous aussi borné·e que Michael, ou aussi réfractaire à l'idée de nous mettre dans une position inconfortable que Linda ?

En ce qui concerne le fait d'avoir des angles morts, il est assez périlleux de défendre la position selon laquelle nous devrions en être blâmé·e. Ce serait comme dire que tout sauf la perfection morale mériterait d'être réprimandé. Nous sommes voué·e à avoir des angles morts lorsque nous nous éduquons sur un sujet, surtout lors des premiers temps. Les affronter est un moyen de continuer cette éducation, en nous éloignant des règles et des théories que nous connaissons et en nous plaçant dans de vraies situations impliquant autrui. Cependant, il serait erroné de penser que nous n'avons aucun autre moyen que l'expérience directe pour traquer nos points

1. Jules Holroyd, « Responsibility for Implicit Bias », *Journal of Social Philosophy*, 43/3, 2012, p. 274-306.

faibles moraux. S'il paraît excessif de nous blâmer pour nos imperfections, nous pouvons considérer que se sensibiliser, de préférence sans impliquer les personnes qui en souffrent, est un devoir moral. Cette éducation peut se faire à travers des témoignages de personnes concernées ou bien à travers des conversations avec des pairs susceptibles de posséder les mêmes points faibles. Ce relatif contrôle que nous avons sur eux, même si indirect et lointain, devient un motif de blâme si nous ne l'exerçons pas.

S'il est inapproprié de nous blâmer d'avoir des aveuglements, cela ne signifie pas que nous devrions nous en sortir indemnes lorsqu'ils nous influencent. Là encore, la réponse n'est pas figée. Si les militant·es féministes et antiracistes nous ont appris une chose, c'est que les intentions ne comptent pas quand il s'agit d'évaluer le mal causé. Qu'importe que nous ayons fait cette blague, ou eu ce comportement raciste ou sexiste en voulant blesser ou flatter – son caractère discriminant reste le même. Les intentions ne décident pas du résultat. En revanche, elles sont cruciales quand il s'agit de décider quelle attitude adopter envers la personne qui est en tort. Reconsidérons les exemples de Michael Scott et Linda Fairstein. Celle-ci affiche une intention claire de nuire aux jeunes qu'elle fait injustement condamner. Elle ne voit pas, ou bien prétend ne pas voir, qu'il s'agit d'une discrimination raciale, mais son envie de les déshumaniser ne laisse aucun doute. Linda devrait donc être, à mon sens, à la fois tenue responsable de son biais raciste et blâmée pour ses actions. En d'autres termes, elle devrait être mise face à ses préjugés raciaux et considérée comme ayant commis un acte immoral.

En revanche, le cas de Michael est plus nuancé. Ses remarques racistes et sexistes sont comme des cheveux qu'on aimerait qu'il retire de sa soupe d'intentions louables. Il devrait être tenu responsable pour ses biais, mais la question du blâme reste en suspens.

Elle dépend en effet de la dernière possibilité tracée par Holroyd, à savoir l'idée que nous pourrions être tenu·e responsable de notre réaction lorsqu'on nous met face à nos aveuglements. Là encore, Linda échoue à cet examen. Elle n'écoute rien de ce que les journalistes lui expliquent à la fin de l'enquête, reste coincée dans sa perspective, et n'admet aucune autre réalité que la sienne. Elle ne ressent pas une once de culpabilité pour son comportement et ne voit aucune raison d'en changer. Michael, en revanche, est plus sensible. Si la perspective de lui expliquer pourquoi tenir ce discours à Phyllis était sexiste et indécent me donne mal à la tête, cela ne me priverait pas de le faire pour autant (pourvu que j'aie l'énergie nécessaire). J'ai foi en la bienveillance de Michael et en son envie sincère de faire en sorte que les autres se sentent accueillis et appréciés (sauf Toby des RH-RIP). Elle nous est démontrée au fil de la série, avec son soutien indéfectible de la peinture de Pam ou sa présence au mariage de Dwight et d'Angela. Et je n'ai aucun mal à imaginer Michael ressentir la culpabilité qui manque si cruellement à Linda.

Holroyd souligne quelques études psychologiques qui ont montré que la culpabilité pourrait être un régulateur efficace de nos aveuglements car elle nous pousse à changer notre attitude. À cela, j'ajouterais qu'il est essentiel d'avoir une vision utilitaire de la culpabilité. C'est une émotion qui n'est bienvenue que lorsque nous reconnaissons que nous avons commis un tort et que nous souhaitons le réparer. Elle est un moteur précieux car le terrible inconfort dans lequel elle nous plonge nous dissuade de reproduire l'attitude qui l'a causée. Cependant, lorsque le tort est réparé, elle doit être relâchée, sous peine de devenir un poids inutile qui nous inhibe dans notre démarche d'amélioration. Elle joue un rôle important dans notre réponse à nos aveuglements. Pour les personnes qui ont causé un tort à autrui, la ressentir est une première étape dans leur ajustement. Mais une fois qu'elle a joué son rôle, elle n'a pas à nous hanter. Un rapport sain à la culpabilité est essentiel si nous souhaitons du progrès, chez nous comme chez les autres.

La découverte de ses aveuglements moraux, en particulier envers les personnes discriminées, est l'un des enjeux majeurs de notre société aujourd'hui. L'agora est vaste, les discussions, complexes, et je ne prétends pas en avoir fait le tour. Je pense cependant que nous avons tous et toutes la responsabilité de nous y promener et de prendre position du mieux que nous pouvons, tout en restant ouvert·e aux critiques bienveillantes et constructives. Néanmoins, une chose est certaine : lorsque nous souhaitons travailler sur nos aveuglements, nous devons nous fier aux personnes qui les voient. Pour transformer nos regards, nous devons écouter leurs sujets. Lorsque nous faisons cela, lorsque nous lisons un livre ou regardons une fiction qui dépeint des discriminations auxquelles nous avons pu participer, gardons la phrase suivante en tête. Sartre l'écrit dans sa préface à l'ouvrage de Fanon, *Les Damnés de la terre*. Il s'adresse aux personnes réfractaires aux critiques de la colonisation :

> Et si vous murmurez, rigolards et gênés : « Qu'est-ce qu'il nous met ! », la vraie nature du scandale vous échappe : car Fanon ne vous « met » rien du tout ; son ouvrage – si brûlant pour d'autres – reste pour vous glacé ; on y parle de vous souvent, à vous jamais[1].

Il est toujours plus confortable de se dire que ce qui est dépeint dans des œuvres telles que *When They See Us* ne nous concerne pas. Nous pouvons ainsi être horrifié·e à distance, blâmer les personnages de tout notre soûl, sans nous mouiller. Cependant, Sartre souligne que ce n'est pas parce qu'un témoignage ne parle pas *de* vous qu'il ne s'adresse pas *à* vous.

Je doute que la traque de nos aveuglements moraux ne se termine un jour. Néanmoins, si cette idée devient notre boussole, nous prendrons la bonne direction pour les débusquer.

1. Frantz Fanon, *Les Damnés de la terre*, Paris, Maspero, 1961.

7

Sois toi-même ! L'authenticité, Sartre et Beauvoir, et la reine d'Angleterre

Lorsque j'ouvre la page de *philosophavie*, en 2021, je ne suis pas une grande utilisatrice des réseaux. J'ai passé relativement peu de temps à écumer les posts, déchiffrer les threads, ou choisir mon camp dans les batailles qui se livrent dans les commentaires. Je me renseigne donc sur les stratégies à adopter pour construire un modèle de page qui fonctionne. Au milieu de la mare de recommandations quant au nombre de posts nécessaires par semaine, aux *trending sounds* à utiliser, ou à la longueur des vidéos à ne pas dépasser (si vous connaissez mon Tiktok, vous saurez que c'est une instruction à laquelle j'ai dû renoncer), un conseil revenait toujours : sois toi-même.

Ah.

Oui, oui, bien sûr, être soi-même. Rien de plus facile. Il suffit de… de dire ce que l'on pense ? Et si je suis gênée à l'idée de déverser mes pensées et mes avis dans ma story ? Peut-être qu'il suffit de… ne pas imiter les autres ? Et si je vois un modèle de post qui me plaît et que je souhaite reproduire, est-ce que je faillis à la règle du « être soi-même » ? Se présenter en ligne, d'une manière ou d'une autre, apporte son lot de questions déconcertantes. « Sois toi-même » apparaît comme la plus évidente et la plus désarmante des injonctions, car être soi-même ne demande pas seulement de se connaître mais aussi d'*incarner* la personne que l'on est. Il ne suffit pas de savoir qui l'on est ; il faut aussi le représenter. Cet infinitif, « être », sous ses airs innocents, est un engagement à l'action, à l'actualisation de notre intériorité, à la confrontation de notre conscience avec le monde extérieur.

Notre travail est donc double. 1) Trouver qui nous sommes. 2) Nous comporter comme tels.

Finalement, poster quatorze fois par semaine n'a pas l'air si difficile.

D'autant que nous disposons de peu d'outils pour nous lancer dans cette quête du « nous-même », cette hypothétique identité profonde qu'il faudrait savoir reconnaître et mettre en scène. Faut-il s'armer de pelles et de pioches afin de le déterrer sous les monticules d'injonctions sociales, d'attentes familiales, de doute constant, pour le dépoussiérer et qu'il nous apparaisse dans toute sa brillance, enfin lavé du regard des autres ? Ou bien faut-il sortir sa peinture et son chevalet, et fixer la toile blanche pendant des heures, dans l'attente de l'inspiration pour peindre notre vrai portrait ?

Autrement dit, notre nous-même, devons-nous le découvrir ou alors le créer ?

S'il y a bien une philosophie qui peut nous aider à faire avancer le schmilblick, c'est l'existentialisme. Plus précisément, l'existentialisme tel qu'il est avancé par Jean-Paul Sartre et amélioré par Simone de Beauvoir. Car si elle est une icône féministe, autrice de ce qui est peut-être l'ouvrage le plus influent du XXe siècle, *Le Deuxième Sexe*, elle est également une philosophe précieuse, qui a enrichi l'existentialisme proposé par son partenaire. Si leurs principes sont les mêmes, Beauvoir a su construire une morale existentialiste, ce qui manquait à la vision de son conjoint, en apportant une attention particulière au concept d'authenticité. Celui-ci pourrait bien nous aider à régler nos problèmes de réseaux sociaux (je dis « nos » mais il y a une probabilité non négligeable que je veuille dire « mes »).

« L'existence précède l'essence », ça vous dit quelque chose ? Si vous avez déjà passé votre bac de philosophie, il y a de fortes chances que cette citation vous renvoie à vos fiches de révisions. Elle provient d'une conférence qu'a donnée Sartre à des étudiants en 1945, dont le compte rendu a ensuite été publié sous la forme d'un ouvrage intitulé *L'existentialisme est un humanisme*. Sartre y avance l'idée que les êtres humains sont radicalement libres : nous surgissons d'abord dans le monde, nous nous définissons ensuite. Il n'existe aucune formule prédéfinie, aucun idéal auquel se conformer, aucun but à atteindre, pour pouvoir se dire « être humain ».

En cela, nous sommes opposés aux simples objets, qui sont construits avec une fonction précise en tête. Un coupe-papier, par exemple, est façonné par son artisan·e à partir d'un patron ou d'une technique préexistante, qui veut s'assurer que le produit remplisse bien ses fonctions de coupe-papier – et qu'il ne se retrouve pas à échouer lamentablement sur la première enveloppe qui passe. En cela, l'*essence* du coupe-papier, c'est-à-dire les caractéristiques sans lesquelles un coupe-papier n'en est plus un, précède son *existence*.

Rien n'est plus faux pour les êtres humains.

Pour paraphraser un scribe bien connu, il n'y a pas de bonnes ou de mauvaises situations d'être humain. En tant qu'athée, Sartre considère que nous ne naissons de la main d'aucun·e artisan·e, sans formule préétablie ou technique ancestrale qui garantirait l'accomplissement d'un objectif précis. Par conséquent, nous surgissons dans le monde sans but, sans idéal, sans fonction. On ne peut pas « plier le game » à être humain·e – il n'y a rien à gagner, rien à perdre, rien à satisfaire.

On pourrait raisonnablement argumenter qu'un coupe-papier qui échoue à couper du papier n'en est plus un. Il a perdu son essence, sa raison d'être, ce qui lui donnait son nom. Cette situation est inenvisageable pour les êtres humains. Il n'y a rien que l'on puisse nous enlever pour que nous cessions d'être des humains et des humaines. Il n'y a aucun élément qui soit constitutif de notre essence, car notre essence n'est pas fixe. Elle n'est pas prédéterminée par des forces extérieures ;

nous la construisons tout au long de notre vie. Sartre pensait que chacune de nos actions individuelles engageait l'humanité tout entière car elle mettait en jeu la définition de l'essence humaine. Ce que l'être humain fait, l'être humain est. Notre liberté est radicale dans le sens où elle constitue nos racines – personne ne peut la nier, pas même nous. S'ensuit donc la célèbre formule : pour les êtres humains, « l'existence précède l'essence ».

Alors, le schmilblick a-t-il avancé ? Un peu quand même. Selon cette vision, il semblerait que notre peinture et notre chevalet soient les meilleurs choix pour s'armer dans la quête du nous-même. Notre identité propre est à construire et à inventer – nous avons même une responsabilité vis-à-vis du reste de l'humanité de le faire.

Sans pression, hein.

Mais que se passe-t-il si, devant mon chevalet, ma palette de peinture à la main, je me rends compte que je n'ai pas choisi mes couleurs, l'épaisseur de ma brosse ou la taille de ma toile, que mon chevalet appartenait à mon arrière-arrière-grand-mère, et que mes parents m'ont placée devant un paysage éminemment barbant, qui empêche l'inspiration nécessaire pour brosser mon autoportrait ? Pour quitter la métaphore, c'est bien beau de nous expliquer que nous sommes radicalement libres et que l'humanité entière compte sur nous pour user de cette liberté, mais il ne faudrait pas oublier que notre vie ne repose pas uniquement sur nos choix. Nous restons tributaires de notre environnement, de notre éducation, de notre état de santé, etc. C'est sympa, cette idée de liberté radicale, mais ça manque un poil de réalisme.

« Que nenni ! » s'écrient en chœur Beauvoir et Sartre (ces deux-là ont passé leur vie à se côtoyer – de là à imaginer qu'ils s'écriaient des choses en chœur, il n'y a qu'un pas). C'est mal connaître leur existentialisme que prendre la liberté radicale comme une licence pour faire ce qu'on veut et un passe-droit pour fustiger les personnes qui se conforment à ce qu'on attend d'elles. La célèbre paire de philosophes est catégorique : être radicalement libre ne signifie pas faire ce que bon nous semble sans un regard pour notre vie, notre environnement, ou nos relations. Nous sommes libre mais nous sommes aussi situé·e.

Nous naissons et évoluons au sein d'un certain état de fait (famille, pays, langage, environnement, choix que nous faisons…) qui est contingent, c'est-à-dire qu'il aurait pu être autrement. Il n'est pas, à l'inverse de notre liberté radicale, nécessaire. De cette dernière, on ne peut pas se départir. Cet état de fait, Sartre l'appelle notre facticité. Le propre de l'être humain, c'est donc à la fois d'être doté d'une liberté radicale *et* d'une facticité. Nous ne sommes pas totalement l'un, pas totalement l'autre. Pas totalement contingent·e, pas totalement nécessaire. Nous vivons dans cette tension. Et ces deux éléments sont condamnés à se télescoper.

Notre situation, pour Sartre, résulte de la rencontre entre notre conscience radicalement libre et notre facticité qui nous délimite. Elle met en lumière les contraintes que notre facticité impose à notre liberté et, par conséquent, à quel point notre liberté est importante.

Il n'y aurait pas de liberté dans un monde qui n'oppose pas de résistance.

C'est au moment de faire des choix que notre liberté est la plus signifiante. Si nous ne sommes pas toujours en mesure de poursuivre ce que nous souhaitons poursuivre, nous sommes toujours libres de décider quelle couleur donner à notre situation. Allons-nous nous rendre, ou allons-nous nous battre ? Allons-nous accepter sans réfléchir, ou allons-nous accepter avec réflexion et intention ? Les différences de positionnement au sein d'une même situation peuvent paraître minimes, pourtant elles creusent le fossé entre la vie authentique (celle qui reconnaît notre liberté et notre facticité à parts égales et ne se rend à aucun des deux) et la vie dans la mauvaise foi (celle qui reconnaît soit notre liberté, soit notre facticité, mais nie la nécessité de composer avec les deux). Qui vit dans la mauvaise foi se définit de manière rigide, en considérant que cette définition est le résultat d'une force extérieure, et non de notre volonté. Qui vit dans l'authenticité sait remettre sa définition en question car cette personne sait que son essence n'est pas fixe et qu'il lui faut composer avec le changeant (sa facticité) et le permanent (sa liberté).

Beauvoir et Sartre restent intransigeants sur une idée : aucune facticité, aussi contraignante et étouffante soit-elle, ne peut forcer une conscience à y répondre d'une manière en particulier. Nous avons toujours une part de responsabilité quant à notre positionnement au sein de notre facticité – nous avons toujours la possibilité de rejeter la mauvaise foi et de vivre dans l'authenticité.

Mais où est la reine d'Angleterre, dans tout ça ? Eh bien, nous y voilà. Le personnage d'Elizabeth II, tel qu'il est représenté dans la série de Peter Morgan, *The Crown* (2016-2023), est un exemple fascinant d'une personne luttant pour son authenticité au sein d'une facticité terriblement contraignante[1].

Au premier abord, on pourrait penser que le personnage de la reine serait parfait pour remettre en question l'existentialisme de Sartre et de Beauvoir, et non pour le soutenir. En effet, la situation existentielle de la reine pourrait servir de contre-exemple : une humaine qui naît avec un rôle à jouer. Elle a derrière elle une famille, une tradition, un royaume tellement oppressants qu'elle ne semble libre de rien. Elle se doit de remplir sa fonction et son devoir d'une certaine manière, en accord avec la tradition, qui a été décidée il y a près d'un millénaire.

1. Précisons-le tout de suite : l'analyse qui va suivre porte sur le personnage *fictif* d'Elizabeth II tel qu'il est représenté dans la série de dramatisation fictionnelle de la famille royale britannique *The Crown*. Je n'ai pas l'ambition de déporter ces analyses sur la reine en tant que telle, ou de prétendre à l'analyse d'une personne réelle. Toute mention d'Elizabeth II, sauf indiqué autrement, se référera à présent au personnage de la série, non à la véritable reine.

La situation existentielle d'un roi est déjà épineuse. Mais celle d'une reine, encore plus.

Elizabeth II se trouve à la croisée de deux facticités extrêmement contraignantes : celle de sa fonction et celle de son genre. Elle doit répondre aux prescriptions d'une monarque *et* à celles d'une femme mariée des années 1950. Dans *Le Deuxième Sexe* (dont la première traduction anglaise, c'est une coïncidence trop belle pour ne pas la citer, a été publiée en 1953, un an après l'arrivée d'Elizabeth II sur le trône), Beauvoir livre une analyse de la condition des femmes au foyer qui résonne de façon inattendue avec la condition de monarque. La philosophe avance l'idée qu'une femme au foyer justifie son existence à travers son mari et ses enfants, et s'enferme dans un rôle qui ne peut être accompli que par un altruisme complet et inflexible.

De la même manière, une reine n'existe pas pour elle-même mais pour les autres : son pays, sa famille, l'Église. Elle justifie son existence à travers son service à Dieu, et la couronne. Les monarques ne sont pas libres d'intégrer leur passé à leur facticité, pour ensuite aller au-delà de cette facticité et remplir leur futur de possibilités. De la même manière, les épouses à l'époque de l'écriture du *Deuxième Sexe* devaient renoncer à leur monde, leur nom de famille, et leur identité, pour intégrer ceux de leur mari.

L'accès à la fonction royale est comme le plus contraignant des mariages, où la monarque est destinée à emprunter le même chemin que sa mère et sa grand-mère. Une reine et une mariée doivent lutter pour établir une continuité avec leur passé au sein d'un cadre prohibitif.

Le personnage de la reine se fait la porte-parole de Beauvoir lorsqu'elle lutte, saison après saison, pour à la fois faire son devoir et rester fidèle à qui elle est – c'est-à-dire, une femme et une reine. Elle n'est pas plus l'une que l'autre. Elle n'est pas plus liberté que facticité. Elle vit dans cette ambiguïté propre à l'expérience humaine que Beauvoir décrit dans son ouvrage *Pour une morale de l'ambiguïté*.

Pour la philosophe, une vie morale est une vie authentique. Là où l'existentialisme de Sartre tend vers l'individualisme, Beauvoir insiste sur le fait que les autres ne sont pas un enfer, mais une opportunité vers une vie bonne. Nous nous devons tous et toutes de reconnaître notre propre ambiguïté, mais aussi celle des autres. Une vie morale se juge au prisme de nos efforts pour atteindre l'authenticité dans un monde qui nous confine à des rôles prescrits et à des identités fixes. Notre moralité provient ainsi de notre attitude face à l'inessentiel : est-ce qu'on y résiste ou est-ce qu'on s'y abandonne ?

J'entends déjà les sifflements du fond de la salle.

« Oui, mais la reine aurait pu abdiquer, si elle ne voulait pas de cette fonction ! »

« C'est elle qui a choisi de rester, elle aurait pu partir ! »

À ces contestations, je réponds : oui et non.

En effet, l'abdication est une possibilité pour les monarques. Elizabeth II en sait quelque chose, puisque son accession au trône est le résultat du rejet de celui-ci par son oncle, le duc de Windsor. Il a rendu la couronne à peine un an après la grandiose cérémonie durant laquelle on la lui avait placée sur la tête afin d'épouser une femme divorcée, Wallis Simpson, ce qui est, à l'époque, interdit par l'Église. Elizabeth, qui, en tant que fille du cadet, était loin de monter sur le trône, s'est donc retrouvée en première ligne lorsque son père est devenu roi. Très proche de lui, elle l'a vu remplir son devoir malgré sa santé fragile et son problème d'élocution. Le peuple britannique a également dû supporter, en plus de l'abdication, de voir son ancien souverain s'acoquiner avec le parti nazi.

Depuis cet épisode, Elizabeth considère le renoncement à la fonction royale non plus comme une simple possibilité pour un·e monarque mais comme un abandon du devoir, un acte moralement répréhensible. Elizabeth II n'est pas l'égale de son oncle face à l'abdication. Le coût existentiel de cette action aurait été bien trop élevé pour elle. Par coût existentiel, j'entends les efforts titanesques qu'elle aurait dû fournir pour réconcilier cet acte avec sa situation.

Accomplir son devoir, se conformer à ce qui est attendu de nous, n'est pas synonyme de manque d'authenticité. Du moment que les choix sont pris en pleine conscience et avec responsabilité, avec en tête l'idée que nous sommes les agent·es de ces décisions, notre authenticité n'est pas menacée. Ce qui peut en revanche la mettre en péril, c'est l'oubli de notre facticité. Le refus de reconnaître que notre existence s'inscrit dans un *contexte*, que les autres ont aussi leur facticité à transcender, et que ce sont des éléments que je dois prendre en compte dans mes décisions.

Même si cela peut paraître contre-intuitif, je ne pense pas que le duc de Windsor ait fait un plus grand usage de sa liberté en renonçant au trône que sa nièce en accomplissant son devoir. L'ancien roi, d'autant plus tel qu'il est présenté dans l'épisode « Vergangenheit », montre sa mauvaise foi lorsqu'il clame que son abdication est la faute des autres. Il insulte la liberté de sa nièce en lui disant qu'elle n'a aucune indépendance d'esprit. Le seul monarque qui en avait une, c'était lui, et c'est pour cette raison qu'il s'est fait exclure de la famille royale. Le duc de Windsor est le « salaud » de Sartre[1], celui qui ne se croit que liberté, que nécessité, et oublie sa contingence, sa facticité, et l'impact que ses actions ont sur les autres.

Ce n'est pas être authentique que de faire tout ce qu'on veut. L'authenticité, c'est reconnaître sa liberté et sa facticité à parts égales. C'est marcher sur cette ligne de crête qui joint et sépare les deux. C'est tenter d'utiliser l'un pour transcender l'autre. On use de notre liberté pour aller au-delà de notre facticité, pas pour la renier.

1. Dans son roman *La Nausée* (1938), Sartre appelle « salaud », ou « salaude », toute personne qui vit dans la mauvaise foi.

Et cette ligne de crête ne s'arrête jamais. L'authenticité n'est pas une arrivée à franchir, mais un voyage à entreprendre.

Cette marche vers l'authenticité est une lutte, et c'est l'un des thèmes majeurs de *The Crown*. Elizabeth II est un personnage qui lutte pour conserver son authenticité dans un monde qui ne lui laisse pas libre cours. On la voit se débattre entre son devoir et sa personnalité. Ce conflit est saillant dès la fin de la saison 1. Dans « Gloriana », la reine promet à sa petite sœur Margaret qu'elle ne s'opposera pas à son mariage avec un homme divorcé. Cependant, son avis évolue au fil de l'épisode. La reine mère explique à sa cadette que, à présent, deux Elizabeth vivront en elle : Elizabeth Windsor et Elizabeth Regina.

Et, en cas de conflit, Elizabeth Regina devra toujours l'emporter.

L'Église, dont elle est à la tête, interdit le remariage des personnes divorcées. Son rôle de reine n'est donc pas ambigu quant à la décision qu'elle doit prendre. Pour honorer sa fonction, la souveraine ne doit pas donner à sa sœur l'autorisation de se marier. Cependant, en tant que sœur, la trahison est cruelle.

L'authenticité de la reine se trouve d'autant plus mise en difficulté lorsque l'action que requiert la couronne n'est pas claire. Dans l'épisode 3 de la saison 3, la réaction de la reine face à la dévastation du village gallois d'Aberfan suscite de virulentes critiques. Elizabeth Windsor pensait savoir ce qu'Elizabeth

Regina demandait de sa part, mais elle avait tort. C'est la première fois depuis le début de la série que le fossé entre les deux est aussi grand. Voici les détails de l'événement en question, tels qu'ils sont présentés dans *The Crown*.

Le 21 octobre 1966, le terril d'une mine locale subit un glissement de terrain catastrophique, dévastant une partie du village, dont son école. Cent quarante-quatre personnes périssent, dont cent seize enfants. Au fil de l'épisode, on suit la réaction de la reine et de son gouvernement, et les considérations concernant la bonne conduite à tenir. La reine prend lentement conscience que sa personnalité – privée, discrète, stoïque, qu'elle considérait comme idéale pour son rôle de souveraine – doit être mise de côté afin de remplir sa fonction. Son peuple demande de l'empathie, de l'émotion, de la vulnérabilité… Toutes les attentions qu'elle peine à donner.

L'un des thèmes majeurs de l'épisode repose sur la difficulté qu'éprouve Elizabeth à montrer ses émotions. Elle s'inquiète de ne pas pleurer en recevant la nouvelle du désastre, ou bien même en se rendant sur place. Elle a été élevée dans l'idée que des réactions convenables étaient des réactions contenues. Cependant, comme la série le montre au fil de ses saisons, les mentalités évoluent, les demandes du peuple changent, et la monarchie aussi. Là où sa personnalité était auparavant adaptée à son rôle de reine, Elizabeth II doit à présent puiser au fond d'elle-même afin de donner à son peuple ce qu'il attend d'elle, en réprimant ses propres tendances. Huit jours après le désastre, elle voyage jusqu'à Aberfan. Là, elle joue pleinement son rôle de reine, rencontre les familles, montre son affliction, et va jusqu'à simuler des pleurs.

De retour en Angleterre, la reine est secouée par cette expérience. Elle se confie à son Premier ministre, qui décrit la position de monarque, ou de toute personne devenue un symbole, de la manière suivante :

> *We can't be everything to everyone and still be true to ourselves. We do what we have to do as leaders. [...] And in a way, your absence of emotion is a blessing. No one needs hysteria from a head of state. And the truth is, we barely need humanity.*
>
> Nous ne pouvons pas être tout pour tout le monde tout en restant fidèles à nous-mêmes. Nous faisons le nécessaire en tant que leaders. [...] Et d'une certaine manière, votre absence d'émotions est un avantage. Personne ne souhaiterait voir de l'hystérie de la part d'une cheffe d'État. Pour être honnête, nous avons à peine besoin d'humanité.

Le Premier ministre résume parfaitement ce avec quoi la reine a dû batailler, et devra continuer de batailler : les demandes et les attentes qui viennent de son rang, de son statut, de sa fonction, de son peuple, pour lesquelles les caractéristiques humaines irrépressibles telles que la partialité, les émotions, les affections sont inutiles ; et sa propre humanité, qu'elle ne peut pas gommer. Et si elle ne peut pas effacer cette humanité, c'est en partie parce que sa liberté radicale lui donne toujours le choix de la position qu'elle souhaite adopter par rapport à sa situation. L'accepte-t-elle avec courage, et même parfois avec horreur, ou bien se met-elle à sa merci, décidée à ne plus choisir quel sens donner à sa situation, et à laisser les événements décider pour elle ?

La fonction de monarque est pleinement *inhumaine* – pas dans le sens où elle est cruelle ou terrible, mais dans le sens littéral : elle va contre les penchants humains naturels. Ce que la série *The Crown* fait si bien, c'est remettre de l'humanité au cœur d'une telle fonction. Ce programme montre comment une humaine peut survivre à ce genre d'exigences, comment elle peut éviter de se perdre, comment elle peut mener sa barque en naviguant sur le fin ruisseau qui sépare ce à quoi elle ne peut échapper et ce qu'on lui impose.

Vivre authentiquement ne veut pas toujours dire vivre heureuse ou heureux. Les choix authentiques peuvent s'effectuer dans la douleur et dans la peine. Ils peuvent impliquer des renoncements, des déchirures, des adieux. Cependant, les choix authentiques impliquent toujours de reconnaître notre situation, ses risques, d'en accepter la responsabilité, que ce soit dans la fierté ou l'humiliation, parfois même dans l'horreur et la haine. La reine n'a renoncé ni à son devoir, ni à sa liberté. Une combinaison étonnante de zèle et d'honnêteté l'a conduite à trouver sa voix, une voix qui chante en harmonie avec son devoir.

La lutte de la reine pour l'authenticité est d'une difficulté peu commune, étant donné la facticité qui l'enserre. Cependant, qui ne s'y reconnaît pas ? Qui n'a jamais été tiraillé·e entre deux aspects de soi, coincé·e entre ce que le monde a fait de nous et les projets que nous voulons y réaliser ? Nous sommes les enfants de nos parents, les produits des attentes sociales, les drapeaux de notre culture ; mais nous restons des individus libres. Parfois, ces deux aspects paraissent impossibles à réconcilier. *The Crown* nous montre que notre authenticité n'a pas à souffrir de nos dilemmes. Si nous ne nous laissons pas endormir par notre liberté ou notre facticité, si nous continuons à lutter pour vivre dans l'ambiguïté de notre existence, nous pouvons, choix après choix, nous trouver.

Nous n'échappons pas à notre liberté. Elle reste là, en attente d'être saisie ou ignorée. Elle n'est pas toujours faite de gestes grandioses, de tirage de nappes envoyant valser les verres en cristal, ou d'abdication par amour. Elle se loge aussi dans la tradition, dans la considération des autres, dans l'accomplissement du devoir. Notre authenticité brille plus fort que notre tendance à nous conformer.

L'existentialisme de Simone de Beauvoir et Jean-Paul Sartre nous invite à vivre notre vie de manière active. À nous placer au cœur de nos choix, à reconnaître notre pouvoir, à affirmer nos actes. À chercher, toujours, qui nous sommes, ce que nous pouvons faire, ce qui nous coûte trop cher, et ce qui nous importe. C'est un antidote contre le somnambulisme, la tendance à se laisser endormir par le bercement des roues du carrosse sur une route trop lisse. C'est une philosophie de l'éveil, de l'attention, de la responsabilité.

On lui reproche souvent de ne pas être au fait des réalités de l'existence, des contraintes qui nous ceignent, sociales ou biologiques. Sartre et Beauvoir ont du répondant à ces arguments. Et Beauvoir s'illustre d'autant plus qu'elle transforme notre ambiguïté en porte vers la moralité. Qui reconnaît son ambiguïté reconnaît celle des autres. « Se vouloir libre, c'est aussi vouloir les autres libres », écrit-elle dans *Pour une morale de l'ambiguïté.* C'est là le premier pas vers une existence plus empathique, plus alerte, plus prévenante envers les autres.

8

Qui suis-je ?
Raconter son histoire avec Paul Ricœur et *Soul*

L'année dernière, j'ai consulté une psychologue pour la première fois. Avec elle, j'ai remis de l'ordre dans mon passé, découvert comment il affectait mon présent, et tracé les grandes lignes de mon futur. Être en thérapie, c'est interroger qui on est. On éclaircit nos motivations, on cherche nos raisons pour agir, on découvre ce qui nous a influencé·e. Une séance est l'occasion de revisiter sa vie, et de construire une nouvelle narration. Échanger avec un·e professionnel·le de la santé mentale permet de se raconter autrement. Nous devenons les maîtres et les maîtresses de notre identité, capables de modeler la personne que nous sommes pour tendre vers la personne que nous souhaitons être.

L'identité est un concept central en philosophie... et un terrain glissant. Les philosophes ont du mal à le définir, car les défis qu'il pose sont insolubles. En deuxième année de fac, nous avons travaillé sur la notion d'identité pendant deux semaines. Nous avons évalué un à un les problèmes qu'elle pose, avec leurs solutions potentielles. Toutes menaient à une impasse. La conclusion de notre professeur après quatorze jours à s'arracher les cheveux : l'identité est un concept *vague*.

Ce qui est difficile, c'est de réconcilier le caractère permanent de l'identité avec le changement de son objet. Prenons un exemple. Quelqu'un vous offre un bouquet de fleurs pour votre anniversaire. Vous le contemplez avec plaisir, puis le placez dans un vase. Dix jours plus tard, les fleurs ont fané. Cependant, ce sont toujours les mêmes fleurs. Vous ne les avez pas touchées depuis, vous n'en avez remplacé aucune, disons que vous n'avez même pas ramassé les pétales qui jonchent la table basse. Ce sont les mêmes fleurs, malgré le fait qu'elles n'aient plus la même odeur, les mêmes couleurs, ou la même forme. Elles ont beau avoir changé avec le temps, elles restent celles de votre cadeau d'anniversaire.

Notre intuition ici est formelle : les fleurs ont changé, mais leur identité, non. Elles sont restées celles offertes par notre ami·e, n'en sont pas devenues d'autres. Cependant, elle est difficilement justifiable sur le plan philosophique. Qu'est-ce qui nous fait dire que les fleurs fanées sont identiques à celles achetées chez le fleuriste ? Il ne s'agit pas de jouer au jeu des sept différences et d'entourer les changements entre la photo prise le jour de votre anniversaire, et celle prise dix jours après. Il s'agit de se demander pourquoi il nous paraît si évident que les fleurs jolies et les fleurs fanées partagent la même identité.

L'identité est la relation qu'une chose entretient seulement avec elle-même. L'élément, quel qu'il soit, qui rend une chose unique définit son identité. Dire que deux choses sont identiques, selon la loi édictée par le philosophe Leibniz, c'est dire qu'elles possèdent exactement les mêmes propriétés. Cette loi pose plus de problèmes qu'elle n'en résout.

En effet, si on l'accepte, alors les fleurs ont cessé d'être celles de votre cadeau d'anniversaire dès l'instant où la moindre propriété a été altérée. Il y a donc de fortes chances que les fleurs tenues entre les mains de votre ami·e et les fleurs tenues entre vos mains ne soient déjà plus les mêmes, pour peu que vous ayez froissé un pétale pendant l'échange. Et si les fleurs que vous tenez ne sont pas celles qu'on vous a offertes, alors votre ami·e ne sera pas offensé·e si vous les jetez à la poubelle, n'est-ce pas ?

La philosophie de l'identité est peuplée de problèmes inextricables. Pourtant, les réponses qu'on y apporte sont lourdes de conséquences. En ce qui concerne les fleurs, elles restent minimes, bien que socialement gênantes – votre ami·e risquerait de mal le prendre, s'il ou elle vous voit jeter à la poubelle le bouquet qui lui a coûté trente-cinq euros. Mais qu'en est-il de votre téléphone ? Suis-je légitime à vous le dérober à la moindre égratignure, puisque celui qui vous appartenait a disparu ? Qu'en est-il de votre animal de compagnie ?

Pouvez-vous l'abandonner sur le bord de la route, en prétendant qu'il n'est plus celui que vous avez adopté ? Et les êtres humains ? Pouvons-nous considérer qu'une personne ne mérite pas de châtiment pour ses crimes, sous prétexte qu'elle les a commis il y a dix ans, et qu'elle n'est plus la même depuis ?

Il peut paraître trivial de dire que nos sociétés sont fondées sur l'idée que les personnes restent qui elles sont. Pourtant, en philosophie, il faut l'expliciter. Car une fois que ce principe est posé, la question de l'identité revient au galop, et le champ des problèmes philosophiques s'élargit.

Le dilemme des jolies fleurs et des fleurs fanées s'applique aussi aux êtres humains. J'ai l'impression d'être la même personne que le bébé ramené de l'hôpital par mes parents. Pourtant, je ne partage plus aucune propriété avec ce bébé. Tout a changé en moi, depuis mon apparence jusqu'à mon esprit, en passant par chaque cellule de mon corps. La seule constante est mon nom, et encore. Depuis quelque temps, j'accole le nom de famille de ma mère à celui de mon père. Je suis née Gabrielle Pozzo di Borgo, mais je m'appelle aujourd'hui Gabrielle Pozzo di Borgo-Pradier. Dès lors, comment puis-je expliquer la permanence de mon identité, autrement que par mon sentiment irrésistible que le bébé blond sur cette photo, c'est moi ?

Les philosophes ont plusieurs propositions pour expliquer l'identité humaine. John Locke, par exemple, suggère que nous sommes lié·es à nos nous du passé par notre mémoire. Nos souvenirs forment une longue chaîne qui nous permet de relier les personnes que nous avons été jusqu'à celle que nous sommes aujourd'hui. Dès lors, perdre la mémoire revient à perdre son identité. Cette idée, bien qu'intuitive, est loin d'être satisfaisante. Personne, ou du moins une quantité négligeable d'individus, ne se souvient du jour de sa naissance. Le cerveau humain commence à former des souvenirs entre les âges de 2 et 4 ans[1]. L'idée de Locke implique que nous mettons au moins autant de temps à devenir nous-même. Nous sommes donc obligés d'admettre que ce bébé sur les photos que nos parents nous montrent, ce n'est pas nous. Bonne chance pour l'expliquer à ces derniers, qui vous regardent avec des yeux ronds.

David Hume, quant à lui, déclare que notre sentiment d'être nous-même est une illusion. Notre esprit a besoin de nous raconter que tous les morceaux de nous qu'il observe (notre corps, nos intérêts, nos relations, ou encore les opinions que les autres ont de nous) font partie d'un tout, mais cela ne correspond à rien de réel. Nous sommes une agrégation de particularités qui n'est pas empaquetée dans une notion bien délimitée, comme l'identité voudrait nous le faire croire. Puisque notre esprit est incapable de s'en tenir à ce qu'il voit, et qu'il a besoin de continuité, il crée cette illusion afin que

1. Cristina M. Alberini, Alessio Travaglia, « Infantile Amnesia : A Critical Period of Learning to Learn and Remember », *Journal of Neuroscience*, 37/24, 2017, p. 5783-5795.

nous puissions naviguer dans le monde sereinement. Par conséquent, Hume n'aurait aucun mal à dire à ses parents que s'ils réfléchissaient deux minutes, ils comprendraient vite qu'il n'est pas le fils dont ils ont changé la couche pendant des années.

Paul Ricœur, un philosophe français du XXe siècle, trouve que la question est mal posée. La notion d'identité personnelle, c'est-à-dire la personne que nous sommes et qui nous paraît permanente, requiert de distinguer deux types d'identité. D'abord, il y a l'identité *idem*. Elle se réfère à la mêmeté, soit au fait d'être le même malgré le temps qui passe (l'identité des fleurs qui fanent relève de l'*idem*). C'est à cette partie de la notion d'identité que nous nous référons lorsque nous désirons savoir si une chose ou un être change fondamentalement.

Ensuite, il y a l'identité *ipse*. Celle-ci veut intégrer le temps qui passe et la notion de changement. C'est elle qui permet ce que Ricœur appelle le « maintien de soi[1] ». L'ipséité ne comprend pas l'identité en termes de même, mais en termes de soi-même. Elle peut donc inclure l'instabilité, notre mue en des personnes différentes au fil du temps, dans la cohésion de notre vie.

Selon Ricœur, il faut articuler *idem* et *ipse* afin de comprendre notre identité personnelle. Pour ce faire, nous devons recourir à la narration. De la même manière que nous nous racontons dans le cabinet d'un·e

1. Paul Ricœur, *Soi-même comme un autre*, Paris, Seuil, 1990.

psychologue, nous avons besoin du concept d'identité narrative afin de construire une identité personnelle qui soit solide et cohérente à travers le temps.

L'identité narrative nous invite à considérer notre vie comme un récit, et à nous regarder comme le personnage principal. Ricœur fait appel à notre familiarité avec la fiction et ses personnages afin de construire notre nous-même. Lorsqu'on lit, regarde ou écoute une histoire, on découvre qui est le personnage à travers ces actions. On se figure sa personnalité en le voyant agir et réagir. Nous sommes également habitué·es à ce qu'un personnage change au fil d'une histoire. Nous comprenons que son identité est en construction. Elle se façonne devant nos yeux, à mesure que le personnage résout des dilemmes, avance dans sa quête et déroule le fil de l'intrigue.

De la même manière, Ricœur nous invite à nous considérer comme un soi en construction. Nous sommes ce que le récit de notre vie dit de nous. Nous dessinons l'unité narrative de notre existence en ordonnant nos actions et nos réflexions. Nous tissons notre propre tapisserie, que nous sommes libres de faire et de défaire. De ce fait, l'identité narrative est instable. Ce que je raconte sur ma vie, et même ce que les autres racontent sur moi, évolue au fil du temps. Cela n'est pas gênant. Nous sommes à la fois les scripteur·euses et les lecteur·trices de notre vie. Par conséquent, nous pouvons accepter les changements de notre personnage, car nous avons décidé de les provoquer, et nous en comprenons les raisons.

L'identité narrative est une théorie philosophique, donc elle a des failles. Comme nous l'avons vu dans un chapitre précédent, certains événements ne peuvent pas être racontés d'une manière narrative. Contrairement aux histoires bien ficelées des écrivain·es et scénaristes talentueux·euses, notre vie n'a pas de trajectoire définie. Notre personnage n'a pas de leçons à apprendre. Nous pouvons nous perdre. Le deuil, par exemple, peut nous bouleverser d'une telle manière que nous ne savons plus qui nous sommes. Néanmoins, Ricœur trouve en la fiction une ressource précieuse pour être en mesure d'écrire le récit de sa vie, de le mettre en ordre, comme un·e auteur·trice le fait en construisant son intrigue.

Ce rapprochement entre récit et identité, entre fiction et philosophie, est au cœur de ma démarche au sein de ce livre. Jusqu'à présent, je me suis attachée à montrer comment les fictions incarnent des principes philosophiques, et comment la philo se sert de la fiction pour découvrir, ou étayer, ses théories. Cependant, je n'ai pas encore expliqué pourquoi ces deux pratiques font si bon ménage. Leur alliance n'est pas étonnante quand on considère qu'elles font feu du même bois : l'expérience humaine. La philosophie, comme la fiction, touche à ce que vivre veut dire, à la quête de soi et de sa place dans le monde. Écrire une histoire, c'est chercher une expérience humaine universelle, et la déplier à travers un personnage, dont découle une intrigue. La philosophie est la discipline qui institutionnalise et systématise cette quête de compréhension de notre existence. Pour aller au cœur du lien qui les unit, cela vaut la peine d'explorer les grands principes de construction d'une histoire. Il y a mille manières d'écrire un récit, et pas une qui vaille plus qu'une autre. La structure que je m'apprête à dérouler n'est pas la seule qui existe, ni la meilleure. Elle est néanmoins largement répandue. La plupart des œuvres de fiction analysées dans ce livre la suivent.

Une histoire bien menée transforme son héros ou son héroïne. Il s'agit de son but premier. Le monde dans lequel elle se déroule a beau être grandiose, les méchants que le ou la protagoniste affronte ont beau être diaboliques, les rencontres qu'il ou elle fait en chemin ont beau être bouleversantes, une histoire ne résonne pas si son personnage principal n'évolue pas.

Chaque protagoniste a une leçon à apprendre, une clé de lecture du monde qui lui manque, que ses aventures vont lui donner. Par exemple, Flam, du film *Élémentaire*, doit apprendre à s'écouter. Ses accès de colère et la dette qu'elle ressent envers ses parents (Flam est issue d'une famille d'immigrés qui ont travaillé dur pour qu'elle ait la meilleure vie possible) l'empêchent de suivre son intuition. Au cours de l'histoire, elle comprend ce que sa colère signifie, et embrasse ses propres rêves, plutôt que ceux de son père.

Barbie, quant à elle, doit apprendre à affronter les réalités du monde extérieur. Elle est obligée d'admettre que la vie n'est pas aussi parfaitement chorégraphiée que ses soirées dansantes. Une fois que son existence est mise sens dessus dessous, elle prend conscience du pouvoir qu'elle a de changer les choses. Elle quitte le bonheur en plastique de Barbieland et s'engage dans la vraie vie, sans se démonter face aux problèmes qui y pullulent.

Cette transformation du personnage principal constitue le thème principal de l'histoire. J'insiste sur ce mot, car une histoire riche est peuplée de personnages et de thèmes secondaires, sans lesquels le ou la protagoniste et la leçon qu'il ou elle doit apprendre paraîtraient maigres. La porte de compréhension du monde qu'ouvre le héros ou l'héroïne n'est pas la seule à ouvrir dans ce récit. Ce n'est pas non plus celle par laquelle, en tant que spectateur·trices, nous avons nécessairement envie de nous engouffrer. Il n'empêche, c'est cette transformation qui mène l'intrigue de bout en bout.

Pour que la machine à transformation opère, une histoire a besoin de trois grands temps. Le plus souvent, on les appelle l'acte 1, l'acte 2, et l'acte 3. Ici, je reprends la formulation de l'écrivaine Jessica Brody et les nomme « monde de la thèse », « monde de l'antithèse » et « monde de la synthèse »[1] (tiens, tiens… thèse/antithèse/synthèse. J'ai l'impression d'avoir déjà entendu cette expression… mais où ?).

---

1. Jessica Brody, *Save the Cat ! Writes a Novel*, New York, Penguin Random House LLC, 2018.

Le monde de la thèse est celui dans lequel commence l'histoire. Nous y rencontrons un·e protagoniste qui vit avec un angle mort dans sa compréhension du monde. Il ou elle n'a pas commencé à chercher la clé pour ouvrir la nouvelle porte. Il ou elle ne sait même pas qu'il en manque une à son trousseau. Sa vie suit son cours, mais son équilibre est fragile. En effet, notre héros ou notre héroïne est pétri·e de défauts. Si cela ne l'empêche pas d'être sympathique, cela le ou la rend aveugle quant au changement nécessaire dans son existence et sa personnalité. Ses défauts lui pourrissent la vie, mais il ou elle n'en a pas conscience. Au début du film, Flam est persuadée que reprendre le commerce familial est une destinée qui lui convient. Elle étouffe la voix qui lui souffle qu'elle s'apprête à s'enchaîner à une existence qui la forcera à taire son désir profond. Barbie, elle, profite de sa parfaite existence. Elle ne se soucie de rien. Elle danse sans s'inquiéter de savoir si les petites filles ressentent vraiment la confiance et la joie qu'elle prétend leur donner.

Pour que la transition entre le monde de la thèse et celui de l'antithèse s'effectue, il faut un bouleversement brutal, un événement cataclysmique, qui force le héros ou l'héroïne à sortir de sa zone de confort, et à affronter ses défauts pour la première fois. Cette mini-bombe se nomme l'incident déclencheur. On l'appelle aussi le catalyseur, car il provoque une réaction par sa seule présence. Un inspecteur menace de fermer le commerce de la famille de Flam ! Barbie a des pensées morbides et les pieds qui touchent le sol ! Rien ne va plus !

Après des tergiversations qui montrent à quel point les défauts du personnage principal sont un boulet à sa cheville, celui-ci accepte de pénétrer dans le monde de l'antithèse. Cela ne suppose pas forcément de changer de lieu. Mais notre héros ou notre héroïne se jette dans une aventure qui n'a rien à voir avec ce dont il ou elle a l'habitude. Dans ce monde, tout est différent. Le ou la protagoniste peut s'y plaire, ou pas. Dans tous les cas, il ou elle fait face à une vision du monde qui n'a rien à voir avec la sienne. Flam rencontre Flack, qui, contrairement à elle, laisse passer chaque parcelle d'émotion qui le traverse. Il est en lien avec lui-même. Sa famille soutient chacune de ses lubies avec bienveillance. Les parents de Flack ne rêvent pas pour lui – ils l'encouragent à rêver pour lui-même. Barbie, de son côté, passe littéralement d'un monde à l'autre. Elle se retrouve sur la promenade de Venice Beach, mal à l'aise sous les regards. Dans ce nouvel endroit, rien n'est parfait. Et les jeunes filles auxquelles elle se présente l'envoient balader en lui reprochant de créer en elles des complexes physiques et des attentes insurmontables.

Le ou la protagoniste tente de survivre dans le monde de l'antithèse avec ses vieux réflexes. Un tel changement de perspective lui a permis de trouver la clé qui lui permettra d'accomplir sa transformation, mais il ou elle n'est pas encore prêt·e à ouvrir la porte. Ses défauts continuent de le ou la persuader qu'il ou elle peut s'en sortir sans changer. Le changement, après tout, c'est dur. Comme nous, les personnages ont généralement la flemme d'opérer un renversement complet de leurs valeurs. Cependant, des auteur·trices machiavéliques ont construit le monde de l'antithèse de telle sorte que le refus du personnage d'apprendre sa leçon l'amène à tout gâcher. Son obstination à garder ses mauvaises habitudes l'a poussé·e à creuser sa propre tombe. Flam, en refusant d'être honnête avec elle-même, a perdu la confiance de ses parents et brisé le cœur de Flack. Barbie, en refusant d'affronter le monde tel qu'il est, a laissé les Ken transformer son paradis féministe en enfer patriarcal (et équin).

Pour accepter d'endurer la douleur du changement, il faut que la douleur de l'inertie soit plus grande. Ce moment noir de la vie du personnage porte un nom de sacrée *drama queen* : la nuit obscure de l'âme (*dark night of the soul*). Il s'agit d'un rouage indispensable de la machine à transformation. Au cœur de la nuit noire (souvent accompagnée d'une pluie diluvienne), le ou la protagoniste comprend qu'il est temps d'apprendre sa leçon. Il est temps de laisser ses défauts de côté, de tirer les enseignements de ce qu'il ou elle a vécu dans le monde de l'antithèse, et de se servir de la clé qu'il ou elle a entre les mains. Notre héros ou héroïne crie métaphoriquement (ou littéralement, si ça colle à votre histoire) : « Eurêka ! », cesse de pleurer sur son sort, et ouvre la porte du monde de la synthèse.

Dans le troisième temps de son histoire, le personnage principal fusionne avec la personne qu'il était dans le monde de la thèse avec les enseignements qu'il a tirés du monde de l'antithèse. Il construit ainsi la personne qu'il devient dans le monde de la synthèse. Il apprend sa leçon, et traverse l'impasse dans laquelle il se trouvait. Il comprend que la solution ne réside ni dans ses vieilles habitudes, ni dans les nouvelles que le monde de l'antithèse lui suggérait, mais dans un mélange des deux. Le personnage reste lui-même, mais il est altéré. Flam quitte sa famille pour poursuivre ses aspirations artistiques, tout en rendant hommage à ses parents. Elle n'est pas restée en place, mais elle n'a pas tout envoyé valser. Elle a intégré les leçons que sa rencontre avec Flack lui a apprises avec la personne qu'elle est. S'écouter ne signifie pas délaisser sa famille. Vivre pour soi ne signifie pas déprécier les sacrifices de ses parents. Flam a ouvert la porte de cette perspective, et, en montant dans le bateau qui l'emmène loin d'Element City, elle s'y engouffre.

Après avoir restauré l'équilibre dans Barbieland grâce à une meilleure considération des Ken, Barbie décide de s'engager pour améliorer la condition du vrai monde. Être oublieuse des affres de la réalité ou se laisser aspirer par le gouffre du désespoir ne sont pas des solutions viables. Au lieu de cela, il faut affronter les difficultés en se faisant confiance pour les résoudre. Barbie ne va pas faire disparaître tous les problèmes des femmes, mais elle peut essayer.

J'en ai des frissons. La structure en trois actes et la transformation du personnage qui en résulte manquent rarement de m'émouvoir. Regarder une personne campée dans ses croyances accepter le changement au fil d'une aventure qui la met face à ses questionnements les plus intimes est profondément satisfaisant, mais aussi… vous me voyez venir… profondément philosophique.

La pratique de la philo demande une remise en question de ses certitudes. Elle demande aussi une considération des arguments des autres, et l'évaluation soignée de chacun. Enfin, elle requiert la construction d'une nouvelle théorie qui prend en compte nos anciennes certitudes et l'enseignement tiré de leur remise en question. De là découle une nouvelle proposition, qui innove par rapport aux deux dernières. En cela, une histoire est un mouvement philosophique. Celles qui sont construites selon la structure en trois actes reproduisent le cheminement qui nous est demandé lorsque nous écrivons une dissertation de philosophie. La formulation thèse/antithèse/synthèse est vieillotte pour expliquer la structure attendue dans une copie de bac. Néanmoins, elle plante l'idée fondamentale qu'une réflexion philosophique doit être progressive. Un point de vue est présenté. Un autre point de vue lui répond. Une sortie de l'impasse se dessine. Chaque histoire et chaque dissertation philosophique posent une question. Chaque personnage et chaque philosophe y apportent une réponse.

Durant les chapitres précédents, je me suis attachée à montrer que les œuvres de fiction que j'analyse sont philosophiques sur le fond. Les thèmes que choisissent d'explorer les scénaristes sont la plupart du temps des thèmes philosophiques. Cela n'est pas étonnant que les auteurs et autrices souhaitent parler de la mort, de l'impact des autres sur nous, de nos émotions, ou du bien et du mal, car ce sont des notions centrales dans nos vies. Mais les histoires dans lesquelles un personnage traverse les trois mondes de la thèse, de l'antithèse et de la synthèse sont philosophiques sur le fond comme sur la forme.

Ricœur avait conscience de l'importance des récits fictionnels dans notre construction personnelle. Les thèmes que ces derniers abordent nous sont familiers, et la manière dont le personnage évolue trace un chemin que nous pouvons suivre à notre tour. Comme un auteur ou une autrice construit son personnage et son intrigue, nous pouvons mettre de l'ordre dans les événements de notre vie et créer du sens à partir du désordre. La vie est évasive. Pour y voir plus clair, les mécanismes de la fiction sont d'un grand secours. Il ne s'agit pas d'incorporer des choses fausses dans notre récit de vie. Dans son ouvrage *Soi-même comme un autre*, Ricœur souligne que raconter des faits, c'est-à-dire raconter ce qui nous est arrivé, leur donne une cohésion qu'ils n'ont pas. Tout récit, qu'il relève de la réalité ou de la fiction, suppose la fabrication d'un sens à partir des faits, et de la manière dont nous les avons vécus – quitte à se dire que cette « mise en intrigue[1] » n'est que provisoire.

Le récit que nous faisons de notre vie est valable à un moment donné, puis il change. Comme des personnages, nous sommes bousculé·es par de nouveaux événements, de nouvelles aspirations, ou de nouvelles rencontres. Notre identité n'est pas immuable. Ce qui reste, ce qui relève du même ou de l'identité *idem*, c'est le fait que je reste auteur ou autrice de mon histoire, même si elle se modifie sans cesse. Ricœur se débarrasse de l'idée que pour rester nous-même, il faut trouver son « noyau dur ». Nous ne changeons jamais trop. Nous nous perdons lorsque nous sommes incapables d'incorporer ce changement dans notre existence, de le faire s'accorder avec notre personne. Je perds mon identité *ipse* lorsque je ne me reconnais plus, lorsque les variabilités et les discordances ont eu raison de mon imagination, et que je ne parviens plus à me raconter. Le contraire de l'identité n'est pas la transformation, mais l'incohérence.

Les liens entre fiction et philosophie n'ont jamais été aussi clairs que dans la théorie de l'identité narrative. Et l'articulation de la philosophie, de la fiction et de la construction de son identité s'illustre brillamment dans le film des studios Pixar, *Soul*.

Bienvenue dans le monde de la thèse de Joe Gardner, notre protagoniste. Joe ne vit que pour le jazz, mais

---

1. Paul Ricœur, *Soi-même comme un autre*, *op. cit.*, p. 192.

le jazz ne le fait pas vivre. Afin de gagner son pain, il est professeur de musique dans un collège. Il encourage ses élèves à se perdre dans cet art, comme lui s'oublie lorsqu'il joue du piano : il entre alors dans la « zone », un état de fluidité et de facilité où seules les notes qu'il joue importent. Le jazz anime Joe. Il est sa raison de vivre. Il est son étincelle. Et après des années de misère à jouer dans de pauvres concerts, l'un de ses anciens élèves lui offre l'opportunité de sa vie : être le pianiste d'un des groupes de jazz les plus célèbres de New York ! Son étincelle s'anime : elle va pouvoir s'exprimer. La vie de Joe peut enfin commencer !

Fou de joie, Joe ne fait plus attention où il va. Son incident déclencheur est le plus cataclysmique de tous : il tombe dans une bouche d'égout, et meurt.

Joe est précipité dans le « Grand Avant ». Dans cette version de l'au-delà, on aide les âmes qui préparent leur arrivée sur Terre à trouver leur étincelle. Sans raison de vivre, on ne peut pas rejoindre la planète bleue. Pour revenir à la vie et jouer le concert de ses rêves, Joe accepte de mentorer une jeune âme, appelée 22, afin de l'aider à trouver la sienne. En faisant cela, il pénètre dans le monde de l'antithèse : Joe est animé par sa passion, persuadé que grâce au jazz, la vie vaut la peine d'être vécue. 22, quant à elle, n'est intéressée par rien. Elle ne souhaite pas connaître l'existence terrestre. Celle-ci est effrayante et douloureuse. Elle est mieux ici, à ne rien vouloir faire.

Joe et 22 parviennent à rejoindre la Terre, mais leurs âmes se fichent par accident dans les mauvais corps. 22 se retrouve dans celui de Joe, tandis que notre protagoniste est coincé dans celui d'un chat de thérapie (un chat utilisé afin d'offrir du calme et du réconfort aux patient·es – une manière subtile d'envoyer Joe *en* thérapie, littéralement). Malgré ces difficultés, chaque personnage poursuit sa quête : s'assurer qu'il pourra jouer le concert de jazz pour Joe, et trouver son étincelle pour 22. Pour l'instant, les craintes de celle-ci se confirment – la Terre est un endroit accablant... mais la pizza, un plat qu'elle n'avait jamais goûté auparavant, c'est délicieux. Et les sucettes, c'est rigolo. Et regarder les feuilles en forme d'hélicoptère tourbillonner dans l'air l'émerveille et l'apaise.

Vient le moment de restituer l'âme de Joe à son corps. Cependant, 22 n'est pas prête à quitter la Terre. Elle s'enfuit dans le corps du musicien. Elle n'a pas encore trouvé son étincelle. Si elle ne la trouve pas maintenant, elle ne la trouvera peut-être jamais. 22 veut croire qu'elle est bonne à quelque chose. Pourquoi les autres âmes n'ont pas de problèmes à trouver ce qui les anime, quand elle n'arrive à rien ? Joe est furieux contre 22. Il la rattrape. Les deux personnages retournent dans le Grand Avant. Là, 22 découvre qu'elle a rempli toutes les conditions pour se rendre sur Terre, et obtenu un « badge Terre » qui lui permet d'investir le corps dans lequel elle vivra sa vie. Elle a trouvé son étincelle, mais elle ne sait pas ce que c'est. Écœurée par le ressentiment que lui témoigne Joe, elle lui donne le badge qu'elle vient d'acquérir. Qu'il aille jouer son concert. Elle restera ici, bonne à rien.

Joe retrouve son corps. Il joue son concert, se perd dans la musique. Il n'est bon qu'à ça. Il touche au but de sa vie, et c'est un succès. Cependant… cette victoire sonne creux. Il rentre chez lui, la tête baissée. Dans son appartement, il retrouve le carton de la pizza que 22 a tant appréciée. La sucette qui l'a fait rire. La feuille en forme d'hélicoptère qui l'a apaisée. Tout ce que Joe a appris durant son aventure avec 22 remonte à la surface. Il était tellement absorbé par sa propre passion qu'il en a oublié de vivre. 22 lui a rappelé que l'existence est précieuse, et qu'elle ne doit pas être vécue en accéléré dans l'attente de la chance de sa vie. Son étincelle à elle, c'est de vivre pour vivre.

Joe a les clés du monde de la synthèse en main depuis qu'il a vu 22 profiter de la vie sur Terre comme lui ne l'a jamais fait. Arrivé sur le seuil de cette dernière porte, une fois que son défaut de ne vivre que pour le jazz l'a amené à abandonner une amie et à perdre des moments joyeux de l'existence, il est prêt à insérer la clé dans la serrure, et à pénétrer dans le dernier monde de son histoire.

Joe retourne dans le Grand Avant afin de sauver 22 de ses pensées noires. Ensemble, ils parviennent à retourner sur Terre. Joe retrouve son corps. Sa vie n'a pas beaucoup changé. Mais son état d'esprit, si. Le but de l'existence n'est pas d'accomplir un grand projet.

C'est de vivre. Joe ne sait pas de quoi demain sera fait, mais il profite des petits moments, et vit pleinement.

Soul fait un *strike* en termes de récit philo. Tout d'abord, son thème est éminemment philosophique : qu'est-ce qui fait que la vie vaut la peine d'être vécue ? Que devrions-nous faire avec le temps qui nous est donné ? Ensuite, sa structure progressive nous amène d'une thèse (la vie doit être passée à accomplir sa destinée, à faire briller son étincelle) à une autre (le sel de l'existence se trouve dans la vie elle-même, et dans l'appréciation de chaque plaisir qu'elle nous offre), en passant par la considération d'une idée contradictoire avec la première (la vie est vide et terrifiante, il ne sert à rien de chercher une raison de la vivre). Enfin, le personnage de Joe met en pratique l'identité narrative. Lui qui se définissait seulement en termes de jazz au début du film parvient à donner du sens à la grande aventure qu'il a vécue, et à évoluer. Il abandonne l'idée que le jazz est son « noyau dur », sans lequel il n'est plus lui-même. Au lieu de cela, il accepte la fluidité de son identité, et la compose avec la mouvance de la vie.

Conclusion

La vie passe avec la philosophie. Après la lecture de ce livre, j'espère que vous pourrez revisiter votre histoire à sa lumière. Tout le monde peut devenir philosophe à vie. Il suffit de savoir reconnaître cette oasis fréquente mais précieuse, et de continuer à s'y abreuver. Si le bac vous stresse, ou s'il vous a laissé un goût amer dans la bouche, j'espère que cet ouvrage vous rappellera que la philosophie n'est pas qu'une épreuve. Que nous soyons en quête de réponses ou de questions, que nous soyons scientifiques ou scénaristes, elle nourrit notre appétit au monde et notre curiosité sur nous-même. La prochaine fois que vous tremblerez auprès d'un personnage de fiction, ou que vous vivrez une situation similaire à celles décrites dans ces pages, j'espère que vous apercevrez le bout de son nez. Lisez, pensez, regardez, écoutez, dans le monde réel comme dans les mondes fictifs. La philosophie se mêle à notre vie, car elle veut la raconter.

Remerciements

Écrire est un art solitaire, mais publier est un travail d'équipe. Merci à mon agente, Alexandrine Duhin, pour sa confiance et son soutien de @philosophavie sous toutes ses formes ; à Noëlle Meimaroglou, dont l'œil éditorial et philosophique a lu en moi comme dans un livre ouvert ; à Ivanne Robineau pour son travail sur le texte, qui vous a permis d'échapper à des dizaines de « que », « donc » ou « c'est » inutiles. On sous-estime souvent le nombre de phrases alambiquées ou d'expressions douteuses qui nous sont épargnées grâce aux éditrices et éditeurs. Toute ma reconnaissance va également à Sophie Rouanet, aux équipes de Robert Laffont, et à Céline Nieszawer et Jean-Michel Ouvry pour leur travail sur la couverture. Vous permettez qu'un texte devienne un livre, avec tout ce que cet objet a de merveilleux et d'enthousiasmant.

L'association Les Petites Lumières, les équipes du magazine *Okapi* et des réseaux sociaux de Bayard Jeunesse, ainsi que les enfants et ados que j'ai eu la joie d'avoir en atelier philo, confirment la pertinence de mon pseudo et du titre de ce livre. La philosophie vit grâce à vous.

Je dois beaucoup à Marie Gomes, ma professeure de philosophie en terminale. Je n'aurais pas pu rêver meilleure guide pour mes premiers pas en philosophie. Merci de m'avoir inscrite et préparée au Concours Général, et de m'avoir fait connaître la théorie de l'identité narrative. Ce livre a commencé avec toi !

@philosophavie n'aurait pas la même saveur sans mes ami·es. Votre promotion sans gêne de la page et vos personnalités uniques m'émeuvent et m'inspirent. Je dois la personne que je suis à ma famille, de cœur comme de sang : ma grand-mère que j'adore ; mes grands-parents maternels qui ne me quittent pas ; mes parents qui croient en moi ; ma grande sœur qui me fait rire ; mes oncles et tantes qui se réjouissent ; mes cousin·es qui m'accompagnent. Merci, à toutes et tous, de me faire la courte échelle pour que je puisse réaliser mes rêves. Vous êtes ce que j'ai de meilleur.

Chez moi, il n'y a pas de travail intellectuel sans sport. Merci à toute l'équipe de Crossfit Rebirth et à mes camarades de wods. Vous ne le savez peut-être pas, mais auprès de vous j'ai dépassé des blocages, calmé mes nerfs en vrac, et rattrapé la confiance qui m'échappait. Et à toutes les personnes qui suivent @philosophavie, qui me félicitent à l'occasion, ou qui promeuvent la page avant le brief, je ferai des burpees en votre honneur.

REMERCIEMENTS

Merci aux autrices et aux auteurs en tous genres qui utilisent leur sensibilité pour raconter des histoires formidables. Vos réflexions sur le monde nourrissent ma curiosité philosophique. Mention spéciale à Michael Schur, dont la série *The Good Place* est la preuve de l'alliance extraordinaire de la fiction et de la philosophie. Sans oublier qu'elle nous rappelle à quel point cette dernière peut être drôle.

Merci, enfin et surtout, à toutes les personnes qui soutiennent ma page sur les réseaux sociaux, et à vous, qui terminez ce livre. Merci de croire en la philo et la pop culture.

TABLE DES MATIÈRES

Pour contacter l'autrice
philosophavie@gmail.com

Pour retrouver l'autrice
Instagram, TikTok, et Youtube :
@philosophavie et @philosophorlife

Composition et mise en pages
par Facompo Lisieux

CET OUVRAGE
A ÉTÉ ACHEVÉ D'IMPRIMER
SUR ROTO-PAGE
PAR L'IMPRIMERIE FLOCH
À MAYENNE EN MARS 2024

N° d'édition : 66862/01 – N° d'impression : 104489
Imprimé en France